INSPIRATIONS & IDEAS
A LOOK AT HOSPITALITY BY MOTOHO JOH

とっておきの時間 素敵な食卓

大人のもてなし

城 素穂

講談社

これは、もてなしのスタイリングの「ハウツー本」です。
ですが、いわゆる「ハウツー本」ではありません。
なぜなら、もてなしにも、スタイリングにも、
まちがいも正解もないからです。

あなたの中から湧き上がる発想で
もてなされる相手が喜んでくれたら、
それが、「素敵なもてなし」になるのです。

「素敵」は、あなたの中にあります。
誰かの請け売りではなく、

あなたがしてきた経験や思い出を辿《たど》れば、
見えてくるものだと思うのです。

この本に記したものは、
食べ物にまつわる思い出から見つけた
私の「素敵」です。

もちろん、真似していただいても結構ですが、
「いやいや、私には、もっといい『素敵』があるわ！」
と思う人がいるならば、
嬉しいことだな、と思います。

はじめに

この本を手にとってくださった方は、どんなことに興味を持たれたのでしょう？冒頭で、「これは、いわゆるハウツー本ではない」と言ってしまい、期待はずれ！と思われた方もいらっしゃるかもしれません。私がそのように申し上げる意味を、少し書き添えたいと思います。

この本で、「こんな料理には、こんな器を使いましょう」「こんな器には、こんなクロスを合わせましょう」という方程式を提示することはできません。なぜなら、私は、あなたが、今日、人をもてなすに至った経緯も、もてなす相手のことも、あなたの好きなものも、あなたの家のインテリアも、光の入り方も知らないからです。そういうこと、一つ一つで、色の見え方も、ものの捉え方も違ってきますから。あなたの「素敵」は、あなたの中にしかない、というのは、そういう意味です。

ですが、それではあまりにも、突き放してしまい、元も子もないですから、この本で、私が提示できるものがあるとするならば、「素敵」を見つけるプロセスだと考えました。

この本では、私がどこかで体験したときの、光や匂いや色や空気感、そして、そのときの自分の気持ちを、ただ羅列し、その状況を再現しているだけです。ですから、「これって、もてなしなの？」と首をかしげるようなお話があるかもしれません。ですが、「もてなす」という概念を少し考えてみます。何も豪勢なものを出すことばかりが、もてなしではないはずです。何かささやかなものであってもいいはずです。

ただ、そこに、

◎気持ちがこもっているか

◎相手も喜んでいるか

ということは、なくてはならない要素です。

そう思いながら、この本を読み進めていく中で、あなたの記憶の中の「もてなされ」経験がフラッシュバックするようなことがあれば、そこから、「素敵なもてなし」のヒントを見つけ出すことができると思うのです。

それが、私の「ハウツー本」の本意です。

1.女性の形をした、砂糖用トング。シルバー製で、エナメルで顔が描かれています。実用性はさておき、その〝きもかわいい〟存在感に惹かれて。

2.だいぶ曇ったシルバーのピッチャー。取っ手の持ちやすさと、注ぎ口のカーブが、実用と美しさを兼ね備えたデザイン。冷たい牛乳を入れると、取っ手部分までひんやりと冷たくなります。

3.表面を錫引きされた銅製の皿。台所用品とテーブルウェアの中間のような存在感。

4.スペインの薬局で買った、実験用の蒸発皿。

私の家族と、ベルギーの家族へ。

Tous mes remerciements à Marc, son épouse Marijke ainsi qu'à Mamie....

contents

第一章 我が家の食卓

chapter 1

誰の記憶の片隅にも
家族と囲んだ食卓の風景や、
脳裏に残る幼少期の食体験の一つや二つ、
あるのではないでしょうか？
なんでもない日常の一コマや、
どっぷり沈んだときや、ハレの日に……。
その記憶を引っぱり出して、
じっくり吟味してみると、
そこに、誰もが追体験できるような
もてなしの風景があるのかもしれません。

episode 01

「カステラ即席ケーキ」

もてなしは、気持ちですから

「さぁ、さぁ、みなさまのお手を拝借。」最後の仕上げの楽しい作業は、皆でやるともっと楽しい。

実は、人をもてなすのが苦手である。あれもしなくちゃ、これもしなくちゃ、と、完璧を求めようとすると、いっぱいいっぱいになってしまって、とても人をお招きするような心持ちではなくなってしまう。むしろ、仕事モードだ。それでは、もてなされるほうも、きっと居心地が悪いだろう、と思うと、初めから、「やらない」を選択してしまう。

ですが、毎年たった一日だけ、やればよかったな、と後悔する日がある。それは、自分の誕生日。誰かに、自分の誕生日を祝う場を設けてもらうのも気が引けてしまいますし、「ちょっと一緒にごはんでもしませんか、よかったら、我が家で。ああ、そういえば、今日は、私の誕生日でした」くらいの、さらっとした感じがちょうどよい。そういう意味で、我が家に人をお招きするのには絶好のチャンスですのに、前述の思いが災いして、一度もきちんとやったことがない。結局、毎年、独り静かに年をとるのである。

ある年、それがどうしても耐えられなくなって、姉にふてくされ電話をしたことがあった。もう夜も、二十一時を過ぎたような時間だ。当然、洒落《しゃれ》たケーキ屋も開いていない。家にあるもので、ささっとケーキをこしらえられるほど、彼女は器用でもない。姉は、夜遅くまで営業しているスーパーに駆け込み、カステラと、生クリームと、見切り品に回されそうな苺とバナナを買って、我が家へやってきた。ふてくされている妹を横目に、「今から、即席ケーキ作るから」とキッチンへ行き、おぼつかない手つきで、生クリームを泡立て始める。あまりの不器用さに見兼ねて、私は、姉から道具を奪って、ケーキを組み立てていく。もう、ふてくされていた気持ちなんて、何処へやら、である。

真夜中にでき上がったケーキは、バランスが悪くて、なんとも魅力的だった。ひと口食べると……。

「ちょっとこれ、砂糖入れたの？」

「え、生クリームって、砂糖入れるの？」

甘くないホイップクリームは、ぼやっとした味で、いろんな思いを包み隠すように優しかった。

この、姉の即席ケーキに救われてから、すっかり味をしめて、何かにつけて自分で作っては、得意げに披露するようになった。生地は、カステラでもいいし、ケーキ屋さんのスポンジ台が手に入ったら、より本格的だ。果物は、季節

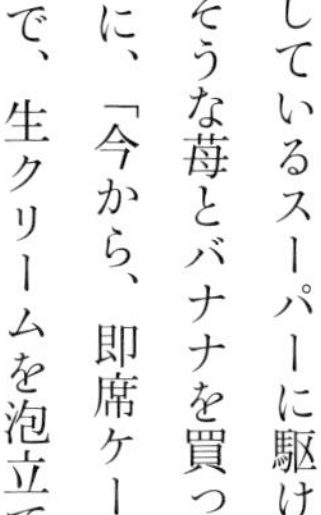

製菓材料店「フォンテーヌ」のスポンジの台。実は、学芸大学駅にある老舗洋菓子店「マッターホーン」が経営しています。そんな本格的なスポンジを、良心的な価格で購入できるのは嬉しい。

によっていかようにでも。ただし、バナナはあったほうがいい。生クリームには、砂糖を忘れずに。あと、キルシュと砂糖水でシロップを作って、生地に塗ったら、ちょっと大人のケーキになる。ケーキの上にのせる果物は、お招きした友人たちの手を借りて、皆で思い思いにのせていく。

もてなしは、気持ちですから。

こんな即席ケーキが、誰かの心を救うのであるならば、私は、いつだって、どこでだって、「もてなし」したいと思う。

佐賀県嬉野の、「太田重喜製茶工場」の紅茶。日本茶の茶葉を発酵させて作られた紅茶で、独特な甘みがあり、洋菓子にも和菓子にも、ストライクゾーンの広いお茶です。

私のスタイリングヒント

Inspiration

◎姉の即席ケーキの夜を、そのまま再現しました。
◎真夜中の、パジャマ姿での夜のお茶ですから、でれっと寝そべりながら食べてもいい、緊張しない器を選びます。→A・B
◎そんなときのために、お膳や小さなサイドテーブルがあると重宝するでしょう。→C
◎大判のラグや絨毯《じゅうたん》があれば、温かみも華やぎも添えてくれます。→D

Elements

A. 沖縄の育陶園の皿。真っ黒に、大胆な花柄が彫られていて、沖縄とも、和とも、洋とも言えない不思議な魅力があります。
B. 両親が結婚祝いでいただいた、という、私の生まれる前から我が家で使っているスウェーデン製のカップ。真夜中の、気の置けないときの、たっぷりのミルクティーがよく合います。
C. 内田鋼一氏作の鉄製お膳。表面を腐食させたしっとりとした風合いと、いさぎよい脚の感じと軽さは、どんな場面にも気軽に登場させられるのです。
D. ウズベキスタン製のラリーキルト。木綿の生地を何枚か重ねて、チクチクと縫い合わせて模様になっています。途中で刺繍が終わっていたり、抜けていたり、そんな曖《あい》昧《まい》さになんだかホッとさせられます。

即席ケーキでパーティーを

How to make the quickly prepared cake !

1.2. バナナやキウイを筆頭に、季節のさまざまな果物を切っていきます。種類は多いほど、楽しい。　3. 生クリームを七分ほど泡立てます。砂糖を忘れずに。　4. クルクル回しながら、スポンジを横半分にスライスします。

5. お好みで、キルシュシロップをまんべんなく塗ります。　6. たっぷりと生クリームをのせます。
7. 味の要であるバナナとキウイを、ランダムに敷き詰めます。　8. さらに生クリームを塗り、スポンジをのせます。　9. 上面と側面に、スポンジが見えなくなるくらい生クリームを塗ります。
10. 皆で、自由に、好きなだけ、果物をのせていきます。

F
E
I
J
N
K
H
L
G
M

私のスタイリングヒント

Inspiration

◎黒白のケーキ皿を使いたいから、おのずとモノクロの世界になりました。→E
柄はいろいろですが、色を統一すれば、まとまって見えるものです。
◎果物の赤みを考えて、紅茶のカップに、赤いソーサーを添えました。→H
◎北欧っぽさは、誰もが好む可愛らしさがありつつ、行きすぎると幼稚になってしまいます。カトラリーはステンレスではなく、シルバーなどを合わせて、少し大人びた雰囲気を足します。→L・N

Elements

E.リムに大胆な黒い柄の入った皿。どんなケーキも主役にする強さがあります。
F.陶工郡司庸久《つねひさ》氏作のティーポット。紅茶にも番茶にも。
G.フィンランドのアラビア社のアンティークのカップ。スタッキングできる優れもの。
H.スウェーデン製の器。偶然にも、大きさがカップとぴったり合いました。
I.フランス製のテリーヌ入れ。びっくりするほど容量が小さい。
J.フィンランドのアラビア社のアンティークの皿。リムに放射状に筋が入って、紙皿のよう。
K.紙ナプキンは高いものでもありませんし、あって困るものでもないので、好きなものが見つかったら買うように。そして、もったいぶらずにどんどん使うこと。
L.フランスやベルギー製の銀メッキのカトラリー。
M.フィンランド製のアンティークのクロス。愛嬌のある柄が、ぐっと楽しさを増します。
N.シルバーのケーキサーバー。柄のくびれが細く、すんなりとして美しい。

episode 02

「フルーツポンチ」

「思いやり」や「優しさ」、「感謝」というスパイス

木のボウルは、フランス製の捏《こ》ね鉢。いろいろな果物を優しく、しっかりと受け止めてくれます。自然の食材には自然の素材が合います。

今は亡き祖父母の家には、「宝部屋」があった。収集癖のある祖母が、いただき物のお菓子や缶詰を保管しておく、四畳半ほどの納戸。幼少期の私にとっては、お菓子に囲まれる魅惑の場所だった。かくれんぼで隠れたついでに、積まれた箱の蓋《ふた》を開け、おせんべいをつまみ食いしてみたり、ビールや油の詰め合わせだったりするとがっかりしたり。

この部屋の真ん中の、一番目立つ棚の上には、大きな果物かごがあって、いつも、たくさんの果物が盛られていた。「みずみずしい果物」というよりは、芳醇な頃を少し過ぎたくらいの香りを漂わせ、たくさんの子バエを従え、薄暗い部屋の中で、怪しく光るのであった。

たびたび、祖母は、小さい孫たちが来ると、その「成熟しきった」果物と、黄桃の缶詰を一つ、宝部屋から持ってきて、フルーツポンチを作ってくれた。テーブルの上にチラシを広げ、大きなガラスのボウルを置き、小さなペティナイフで、果物を一つ一つ剝《む》いては切って、ボウルの中へ放り込んでいく。傷んで茶色くなったところは、大胆に削《そ》ぎ落とし、チラシの上に捨てられる。もったいないので、ちょっと頂戴して口に放り込むと、お酒がまわったような味がして、すぐに吐き出し、やはり、チラシの上へそっと戻す。そんな〝欲張りさん〟の一連の所作は、もう見慣れたもの、と言わんばかりに、祖母は気にも止めずに作業を続け、果物を切り終わると、果汁でベタベタになつたナイフと手をチラシの端で拭いて、最後に、黄桃の缶詰を汁ごと入れ、大きなスプーンでざっとかき混ぜてでき上がり。

夏に、いただき物の巨峰がたくさんあったりすると、冷凍庫へ入れて「巨峰氷」を作る。暑い外から帰ってきて、ガリガリに凍ったそれを一粒、口に放り込むと、とても贅沢《ぜいたく》な飴玉になる。

どちらも、実は、ダメになりそうな果物のレスキューレシピ。普段の食卓にはわざわざ出さない、贅沢なレシピでもある。なにものも、新鮮なうちに楽しむのが一番かもしれない。ですが、少し旬を過ぎて、もうダメになりそうなものに、なんとか日の目を見せたいと、手を尽くすこと。そこには、思いやりや優しさ、感謝というスパイスが加わって、それもまた、いい味わいになるのだろうと思う。

夏の暑い日の一粒。巨峰氷。

成熟しきった果実で作るフルーツポンチ

A
B
C
D

私のスタイリングヒント

Inspiration

◎どこか懐かしい、ノスタルジックなものばかり。おもむろに広げた新聞紙の上で、果物を剝く光景は、誰の記憶の片隅にもある原風景のように思います。→**B・C**
◎一見派手めの、大胆な花柄のゴブラン織りも、秋を思わせる果物の色みとよく合うのです。→**D**

Elements

A. 銀メッキの古いスプーン。柄が長く、大きなボウルの中のものをざっくりと混ぜ合わせるのにいい。
B. 厚手のガラス製のボウル。どっしりと安定感があり、下のほうに追いやられた果物まで見えるのもいい。
C. 小振りなフルーツナイフ。手の中に収まるくらい小さく、果物なら、どんな切り方にも自由自在に対応します。
D. ゴブラン織りの花柄クロス。祖母の家では、いいテーブルクロスの上にビニールを掛けたりしていた記憶があります。
E. デンマーク製の、木製ネズミのついたピック。ただただ愛らしい。
F. 江戸後期のポンド皿。リムには「塵も積もれば山となる」の英訳が刻まれています。

episode 03

「蒸し寿司」

経木を蓋代わりに、
桃の枝を削って、黒文字の代わりに……

専業主婦の母は、夫のため、子供のために、家を整えることに全精力、全人生を費やしてきた。掃除、洗濯、ごはん作りといった日々のことはもちろん、季節の行事ごとに、家中のしつらえを変えることもやってきた。単身赴任で不在がちな夫と、各々独立していった娘たち。実家で、母が独りで過ごすことの多くなった今も、彼女が欠かさずやっていることには、ある意味、脱帽である。「もしかすると、誰もそれに注目して、愛《め》でたり、褒めたりすることなく、また次のしつらえに変わっていくのかも」と想像すると切なくて、母のしつらえを見るためだけに、実家へ帰るタイミングを計ろうと考えることもある。中でも、雛祭りのときは、私たち娘に向けられたものであるから、なおさらである。

そんなとき私は、上生菓子を買って帰る。玄関には、いつもの雛人形が飾られている。我が家の雛人形は、しまってしまえば、三十センチ四方くらいの箱に収まってしまうほど小さな、一刀彫の五段飾りと、祖母が生前に作った紙雛。台所では母が、蛤《はまぐり》のお澄ましと、ちらし寿司、菜の花のお浸しを準備する。今年は少し趣向を変えて、蒸し寿司にしてみてはどう？　蓋物の小どんぶりがなければ、経木を蓋代わりにしてみる？　そんな作戦会議をしながら、久しぶりに母と台所に立つのも、ひとつの親孝行。仕事で忙しい姉は、決まって、食事の準備ができた頃に登場する。母娘三人で囲む、雛祭りの食卓。

お澄ましの椀の中で、思いのほか分厚い貝殻を開いて露《あら》わになった蛤の身は、子供の頃には想像もつかなかったグロテスクさで、ちょっとギョッとする。「澄ました顔して、案外大胆！」みたいな女性がやっぱりそそられるのかな？

経木でぎゅっと閉じられたどんぶりは、ほんのり温かで蓋を開けると、ほわんといい香りが漂い、パステルカラーの山が見える。やっぱり、しとやかな、ほんわかパステルカラー女子がウケるのかな？　雛祭りは、いつも、「女子たるや、こうあるべき」と突きつけられるような気がして、ドキッとする。

ごはんの後は、上生菓子を。せっかくなので、お懐紙を出し、桃の枝を削って黒文字代わりにするのも可愛らしい。

「何か、いい話はないのかしら……？」と尋ねる母に、曖昧《あいまい》な返答をして、心の中で「ごめんなさい」とつぶやく。

忘れちゃいけない、最後の決めごと。雛人形は、三月三日のうちにしまう。しまわないでいると、お嫁に行きそびれますから。

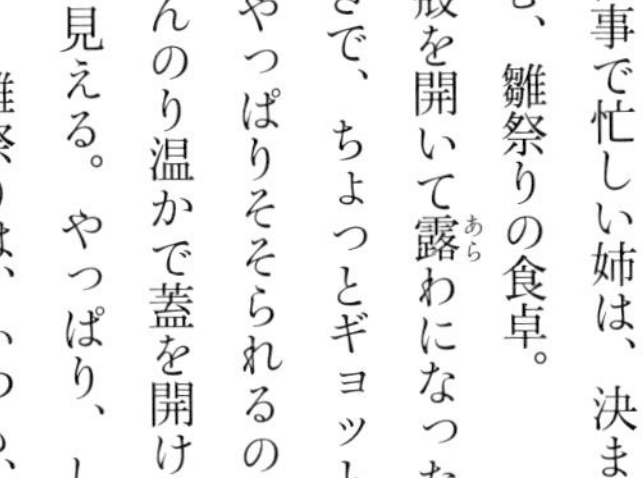

右：「釜浅商店」の行平鍋。左利き用にオーダーしたもので、注ぎ口が右側についています。左：檜《ひのき》のまな板は、主に野菜を切る用に。「有次」の包丁は、鋼の洋包丁。刃渡りが長めで、何にでも使ってしまいます。

Inspiration

◎お盆があれば、お膳にも、飾り台にも。→B

◎ワンプレートでは味わえない組み合わせの楽しさが、和食にはあります。お盆をキャンバスに見立てて、少し俯瞰《ふかん》しながら、お気に入りのものから置いてみたらいかがでしょう？　着物の取り合わせの感覚のように、案外いろいろ楽しめるものです。

蛤のお吸い物に、菜の花の白和えは、雛祭りの定番。
ちらし寿司は、今年は、蒸してみようかしら。箸休めの
昆布には、小さく色紙切りにした柚子を添えます。

私のスタイリングヒント

Elements

A. 遊　中川の手績み手織り麻の反物。色の展開が多様で美しく、派手な色でもどこか温もりがあるのです。

B. 木工佃眞吾氏作。欅《けやき》の入隅盤。木目が美しく、角が丸みを帯びた形には優しさが感じられます。

C. 中国の古い染め付けの皿。南蛮人が荷物運び役として連れてきた黒人をモチーフにした絵付けが面白い。

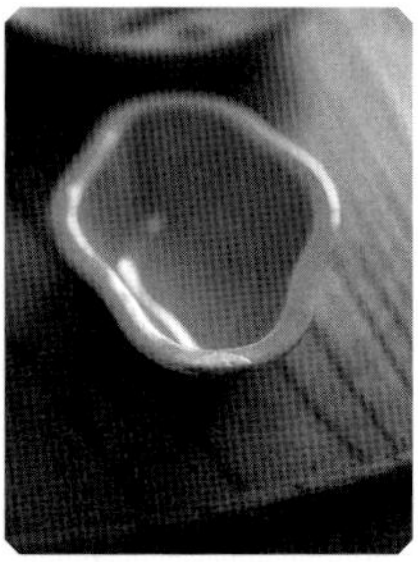

D. 陶工安藤雅信氏作の器。可愛らしい木瓜形と水色が、まるで雲のよう。落として一つ欠けてしまったものを金継ぎしたら、ますますよくなりました。

E. 曳舟にある、大黒屋という箸屋さんのもの。黒檀で作られ固く丈夫で、人の手になじみやすい五角形をしています。箸先まで角があり、小さなものでも容易に掴めます。

F. インドの染め物に使っていた道具。箸置きとして作られたものではなかなかよいものが見つけられないのですが、思わず、よい感じのものを見つけました。

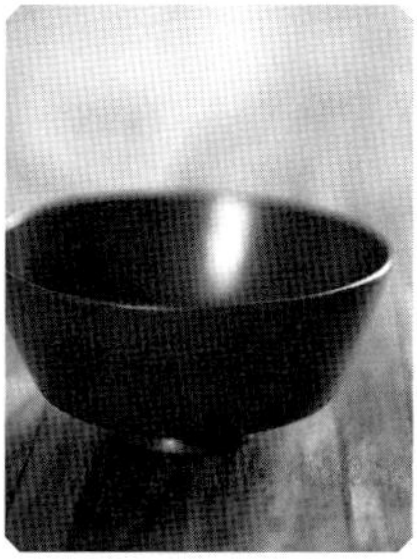

G. 漆工杉田明彦氏作。べんがらの落ち着いた赤色がいい。

episode 04

「お節《せち》」

三度楽しむ。

年の瀬も迫る十二月二十九日、一年を締めくくる一大イベントが待っている。母方の親戚の女子部が集まって、三日間かけて、お節作りをするのだ。

祖母が生きていた頃は、叔母たちが祖母の家に集まり、てんやわんやで作っているところへ、まだ幼稚園生だった私は、毒味係と称して参加していたことを断片的に覚えている。残念ながら、私が料理に興味を持ち始めた頃には、祖母は亡くなっていて、いつの間にか、皆が集まってお節を作ることもなくなってしまった。

大雑把な祖母の残したレシピを、几帳面な従姉妹《いとこ》がレシピカードに書き残した。その従姉妹が、いつからか、その恒例行事を一人で復活させて、それにまた、我々が便乗するようになった。二十九日の築地への買い出しから始まって、三十日、三十一日と、割烹着に手ぬぐいを頭に巻いた格好で、傷みにくいものから徐々に仕込んでいく。大みそかには、甥《おい》っ子や姪《めい》っ子が、庭の柚子やあしらい用の葉蘭《はらん》などを採って、いよいよお節作りもクライマックスになる。

祖父母が亡くなって、顔を合わせることも少なくなった親戚だが、大みそかの夕方、各自、空の重箱を持って集まってくる。

「あーでもない、こーでもない」「今年はとんでもない年だった!」などと、互いの報告会も兼ねワイワイガヤガヤと詰める作業は、幼少時代に感じた、年の瀬の、祖母の家でのお節作りのてんやわんやの、ある種の興奮を彷彿とさせ、なんともいえない充足感がある。興味津々の甥っ子などをおだてながら、詰め方を伝授する。

葉蘭は、その幅広さを利用して、重箱の底に敷いたり、仕切りにしたり、くるっと巻いたり、小箱を作ったり、いかようにでも使える優れものである。なますや海鼠《なまこ》の酢の物は、果実をくりぬいた柚子釜に入れて、ほんわり柚子の香りが移るのもよい。黒豆は、一粒一粒取るのが大変ですから、十粒ほど、豆皿や小さな蓋物に忍ばせて、人数分、重箱に詰めるのもよい。または、松葉に二〜三粒刺して飾るのもよい。忘れてはいけない、黒豆といえば、真っ赤なチョロギ。余談だが、その下品さになじめず、一度、築地市場で見つけた生のチョロギを、梅酢で漬け込んだことがあった。しかしそれは、薄《うっす》らピンクの、卵から孵《かえ》ったばかりの幼虫のように不気味で、黒光りする黒豆にはまったく合わず、下品に赤いチョロギの意義を理解したのであった。

あとは、気分の赴くままに詰めていけば、四角い範囲にみっちりと詰まった様子は、器用不器用に関係なく、それなりにきれいなのである。その出来映えに、我ながら満足しつつ、裏白で蓋をする。

お料理と、今年一杯の思い出を詰め込んだ重箱は、冷蔵庫には入らないから、寒い廊下や玄関先に置いておく。

そんな前日の大騒ぎから改まって、元旦には、何食わぬ顔で、品よく詰められた重箱に、とびきり上等な器を合わせる。年の初めくらい、きりっと清々《すがすが》しい緊張感を持って始めたいもの。

私の重箱といえば、八年ほど前に、ある和食器屋さんで見つけた、輪島塗の古いもの。真っ黒な地に、ロベルタ ディ カメリーノのバッグのような色合いの真田紐が結ばれたように見える蒔絵《まきえ》が施されたものだ。「嫁入り道具に……」と託《かこつ》けて、初めて清水の舞台から飛び降りた。

合わせた六・五寸皿も、「嫁入り道具」と託けた、二度目の「清水の舞台」もの。柿右衛門の白磁で、松竹梅の陽刻が施された、めでたい器である。

お屠蘇《とそ》は、上等のものはないけれど、いろいろ合わせて屠蘇器に見立てても楽しい。松葉と水引を付ければ、それなりに見えるもの。

元旦に食べ散らかした重箱は見るも無惨な姿なので、二日目は、また、最初から詰め直す。今度は二段くらいに収まりそうだ。親戚や近しい友人宅へのご挨拶に、おもたせがあるときは、緊張しすぎない、使い勝手のよい、地塗り箱を利用するのもよい。洒落た真田紐でもあれば、一段と、二段と、もてなし感が増すでしょう。

三日目は、重箱に詰めるほどでもないので、お皿に盛ると、気の利いた前菜の盛り合わせのよう。

そろそろ、今年の重箱のお役目も終わり。重箱は、柔らかい布に中性洗剤を付けて洗い、乾いた布でしっかり拭く。拭きムラがあるまま乾いてしまって、一年後に悲惨な思いをしないように、ここは念入りに。一日、畳の部屋にでも置いて陰干しし、木綿布に包んで、今年もこうやって変わらず、新しい年を迎えられたことに感謝し、桐箱にしまう。

Inspiration

◎おめでたい席こそ、自慢の器で。→A・C・D
◎屠蘇器がなくても、持ち合わせの器を組み合わせて、いかようにも。→B
◎既製品の正月飾りがなくても、青々しい松と紅白の紐さえあれば、手作りの祝い膳に。
◎蝶々結びは、何度あってもよい祝い事のときに。→E
◎伝統工芸と若い作家ものの組み合わせが面白い。→B・E・F・G
◎詰め方
1）黒豆など、一つ一つ取るのが大変なものは、蓋付きの器を使って。もしくは、松葉に刺して。
2）葉蘭はくるっと巻いて、楊枝でとめます。
3）松葉を仕切り代わりに敷き詰めます。
4）柚子は身をくりぬいて、なますなど、柚子の香りが移ってもよいものを入れる柚子釜にしても。

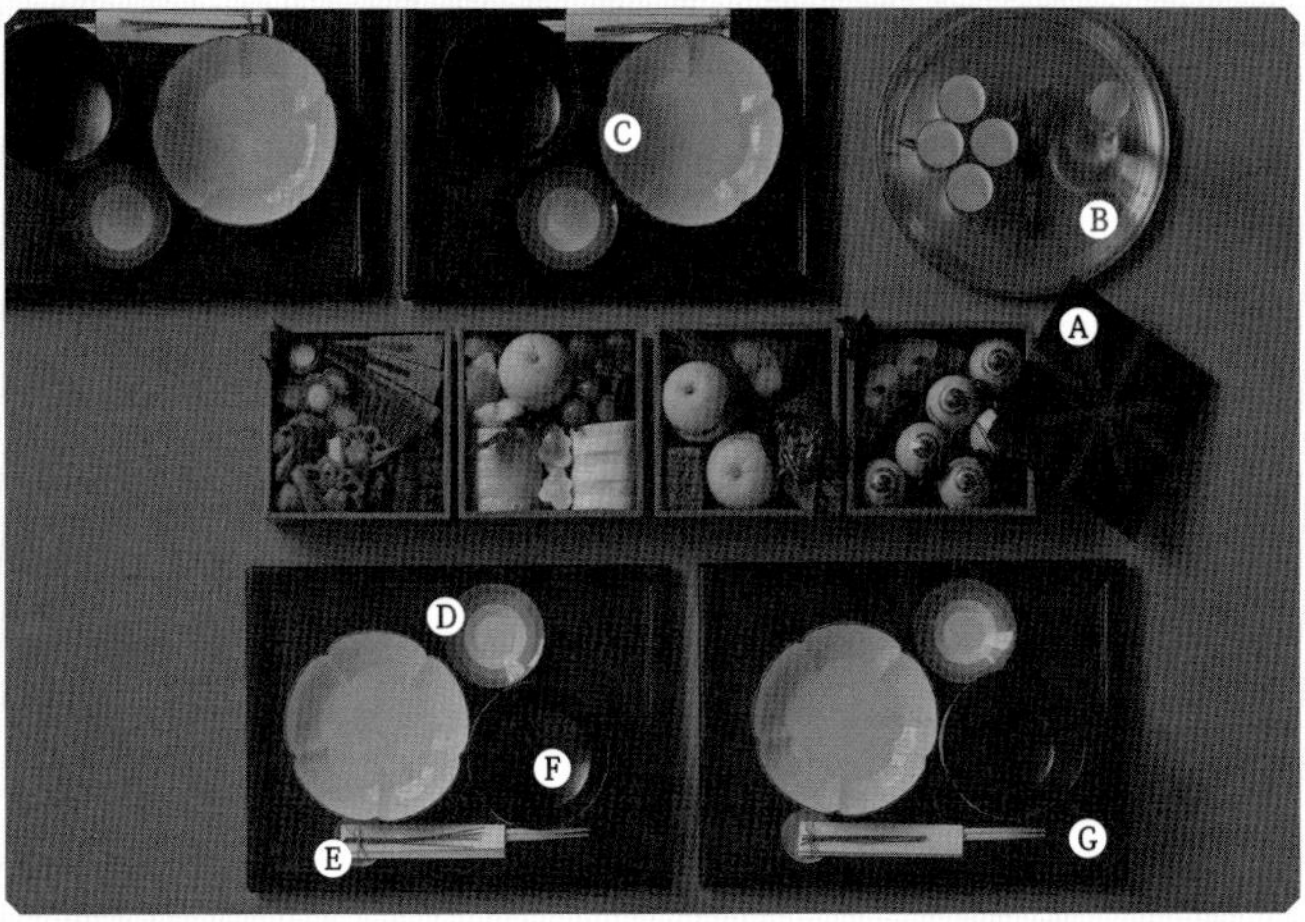

私のスタイリングヒント

Elements

A.輪島塗。真田紐を結んだ蒔絵を施したもの。角の立った正角の潔さと、モダンで可愛らしい蒔絵に惹かれて購入。ほかに、脚付きのお膳と、蓋がもう一枚セットになっています。

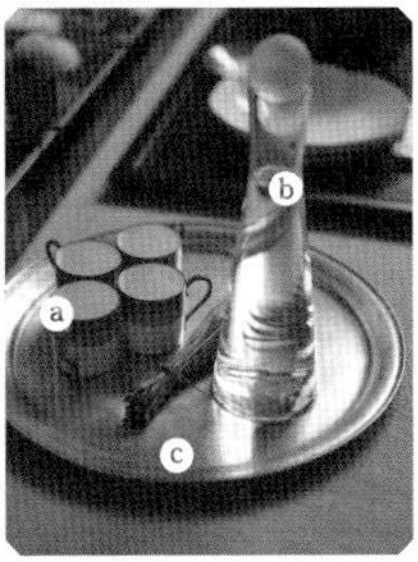

B.a.大倉陶園の古いカップ。取っ手の繊細さが可愛らしい。b.スウェーデンのスクルーフ社のもの。c.猿山修氏デザイン、東《あづま》屋のお盆。銀メッキ加工が施され、使い込むほどに変わる表情を楽しめます。ガラス器との相性がよい。

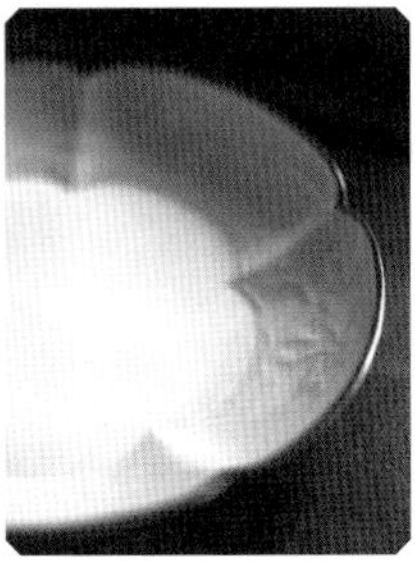

C.柿右衛門の古い皿。松竹梅の陽刻が施され、さりげなく、華やか。

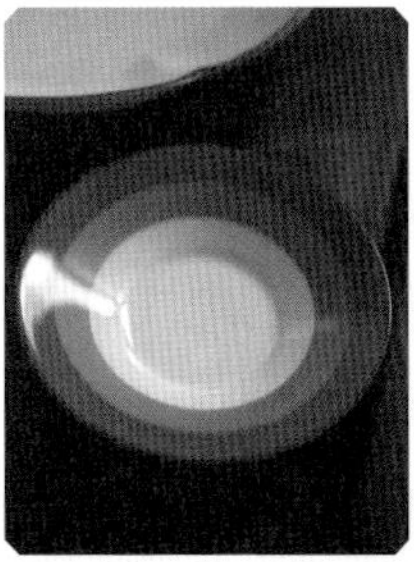

D.屠蘇器代わりにした、大倉陶園のデミタスカップのソーサー。縁に利いた朱色がにくい。

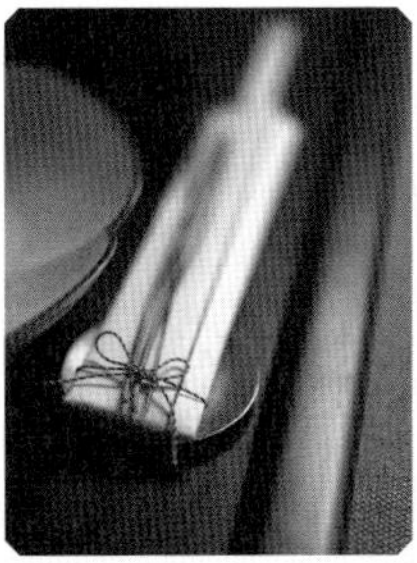

E.金工坂野友紀氏作の小皿。真鍮の、燻し銀のような風合いは、品よく華やか。

F.漆工杉田明彦氏作。大振りのお椀は、お雑煮にも、麺物にも。**G.**額縁のような縁どりのある折敷。

二日目のおもたせ

三日目のオードブル

私のスタイリングヒント

Elements

ベルギーの蚤の市で見つけた青絵のディナー皿。実は、ぱっくり二つに割れたものを鎹で継いであります。どこか中国の絵付けを思わせるタッチで、案外、お節の細々と合います。お屠蘇改め、白ワインとともに!?

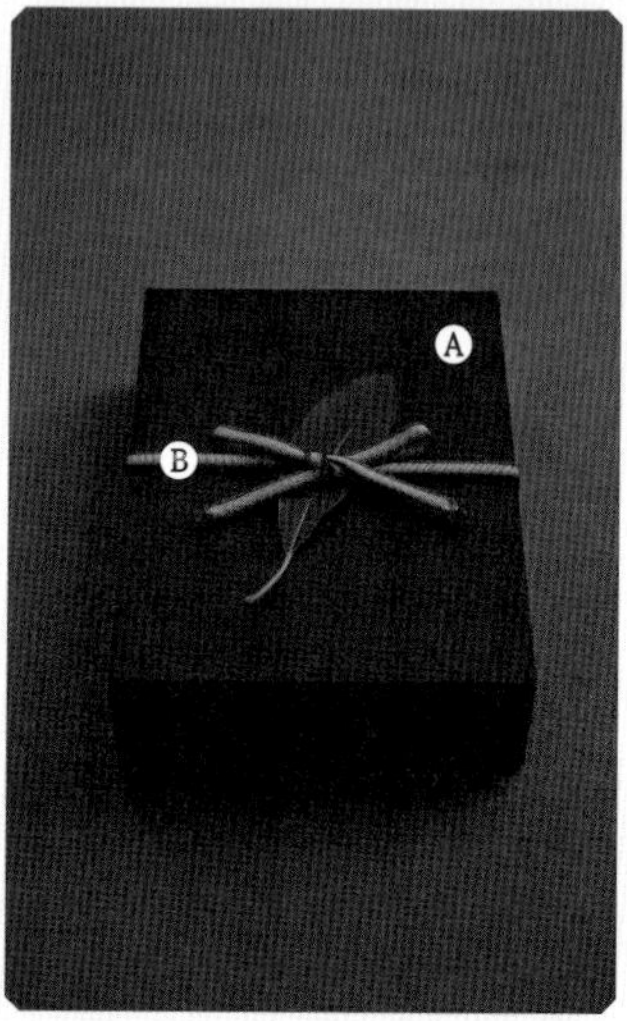

A. 輪島キリモトの地塗の漆箱は、輪島の地の粉といわれる粉を混ぜた漆が塗られ、表面が固く、傷つきにくい。**B.** 伊藤組紐店の真田紐は、茶道具の木箱にかける紐として作られ、箱とのなじみや、結びの安定感があるのです。縁起のいい葉を添えて、おもたせに。

おまけ。

四季折々の枝葉は、料理やスタイリングに季節感を添えます。季節感ばかりでなく、防菌や消臭の役割を担ったり、ときには器になったり。あしらいは、決してでしゃばらない、でも、なくてはならない名脇役です。特にお正月には、各々に洒落た意味合いも込められて、いっそう賑やかに活躍します。その一例を少しご紹介。

Green

A

B

C

D

A. 南天／「難を転じる」。冬には真っ赤な実を付け、千両、万両とともに、「不自由ない金運に恵まれる」ことを。 B.松葉／冬の寒さに強く、一年中、青々と美しく、樹命の長いことから、「長寿」「うつろう時代に流されない、芯の強さ」を象徴しているよう。 C.ゆずり葉／若葉がのびると、前年の古い葉が落ちる、その生態から、「親が子を育て、代々受け継がれていく」ことを。D.裏白／葉の裏が白いことから、「裏表のない、心の清らかさ」を。お重を詰めたら、葉を伏せて、裏側を上にして、蓋代わりにしても。

第二章 ベルギーの食卓

chapter 2

数年前、「もてなし」について知りたくて、
ベルギーの、とあるレストランに入りました。
日々、食べ物を囲む場で繰り広げられる
ストーリーはストレートで、
すべてが真剣勝負。
料理や、器や、インテリア、
目に見えるものの向こう側に、
もっと大切なことが潜んでいる、と
教えてもらったように思います。

episode 05

「チョコレート」

きっと、ちょっとした手作りだって、嬉しい

はちみつがたっぷり入ったガナッシュを一・五センチ角くらいのさいころ状に切り、ココアをまぶすと、その大きさ感がちょうどよいのです。

バレンタインにチョコレートを作り始めたのは、高校生のときだっただろうか。当時夢中になって見ていたＭＴＶのあるＭＣに憧れ、「僕は甘いものが得意じゃないから、チョコレートよりブラウニーをもらいたいな！」という、憧れの君の言葉を聞いて、たまたまＭＴＶの事務所が通学路にあったのをいいことに、学校帰りに届けたのが初めてだろう。そのとき作ったブラウニーは、思い出すと、今でも顔を覆いたくなるほど、恥ずかしい代物だった。

それ以降、バレンタインには、誰かしらターゲットを見つけて、チョコレート作りは欠かさずしていて、でも、直接渡す勇気はないから、郵便で送ったり、家の玄関のノブにそっとかけたり。たぶん想いを伝えるより、作ることのほうに夢中だったのだな、と思う。そんな、自分本位なバレンタインは、想いが伝わるはずもなく、あまりいい思い出はない。

ですが、そんなチョコレート作りが日の目を見る日が来る。ベルギーでのレストラン修業中、バレンタインの時期に、レストランで使っている美味しいクーベルチュールチョコレートを少し頂戴して、はちみつトリュフを作ったことがあった。一カップほどのチョコレートを細かく刻んで、半カップほどの生クリームとともに湯せんにかけて溶かしていく。完全に溶けたら、火からおろし、はちみつを加える。量は味をみながら決めていく。泡立て器などでよくよくかき混ぜて、四角くバット状にしたホイルの上に流し、冷やし固め、切って、ココアパウダーをまぶし、でき上がり。アパートの小さな台所で、鍋一つででき上がったトリュフだったが、レストランオーナーに渡したら、案外うけて、「私のお客様用に作ってくれないか」ということになったのだ。

その頃、レストランでは、クーベルチュールチョコレートを溶かし、直径三センチほどの大きさに丸くのばし、固まらないうちにナッツやドライフルーツをのせて作る、シェフ直伝のチョコレートを出していたわけだが、新顔もまた、人気上々だった。

日本のチョコレート市場は華やかで、毎年目新しいチョコレートが上陸しては去っていく。話題のチョコレートを彼に渡すのもよいのだろうけれど、いったい何割の男性が、それに興味があるのだろうか？　むしろ、優しい男子たちは、込み込みのサロンデュショコラの会場で、潰されそうになりながらゲット

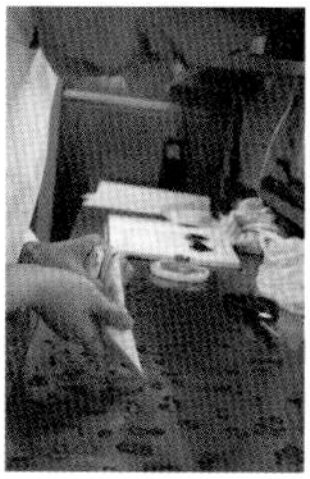

右：型にチョコレートを流し込み、余分なチョコレートを削ぎ落とし、カタカタと型を揺らすことで、中の空気を逃がします。左：プラリネの表面に描くサインを構想中。作業台は、らくがき台と化します。

[包み方あれこれ]
バレンタインのチョコレートは、誰かに何かをあげる行為を、初めて意識してした経験かもしれません。チョコレートを完成させることに夢中になりすぎて、何に入れてあげるかまで考えていなくて焦る、ということも何度もあって、そんなときに考えた苦肉の策をいくつかご紹介。
A. 透明の袋を対角に折って　B. 茶筒に紙を貼って　C. 布を切ってリボンに　D. レースペーパーを包み紙に

した、その努力のほうを喜んでくれるのかな？　それだったら、きっと、ちょっとした手作りだって、嬉しいはずだ。

もし、私がバレンタインの日に何かをするならば、じっくり煮込んだカレーと、手作りチョコレート、話題のロースターのコーヒーと、サラッと書いたカードを添えて、会いにいく。きっと、大丈夫。カレー？　それはまた、別のお話。

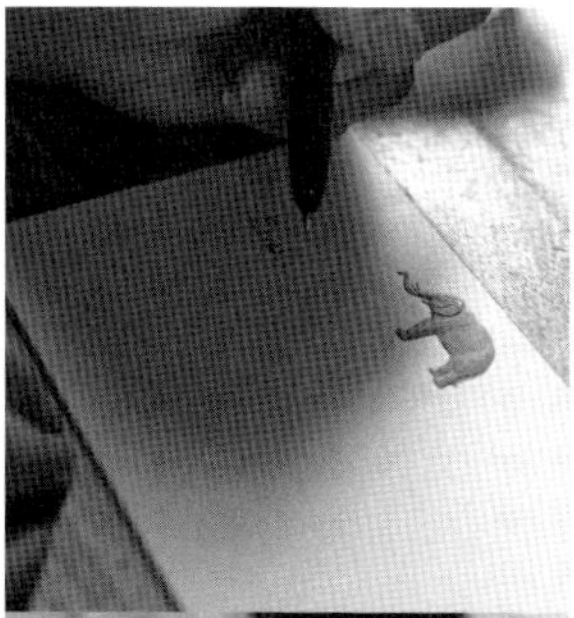

上：「ラカルタ」のカード。フランスの銅版印刷工房で一枚一枚丁寧に作られるエングレービングカード。愛嬌のある図柄と、色合わせが楽しい。現在では、工房も、後継ぎがなく、貴重な品となっているといいます。
下：「カフェテナンゴ」の〝Fucasawa〟という名のコーヒー。あまりコーヒーは得意ではありませんが、初めて「美味しいな」と感じたコーヒー。中米の豆にこだわり、オーナー自ら、農場まで買い付けに行き、コーヒーの育つ環境を見て、焙煎の仕方を考えているといいます。

A.B. クッキングペーパーが1ロールあれば、いかようにも。適当なハリがあるので、スタッキングできるカップの間に挟んでぎゅっとすれば、即席カップのでき上がり。
C. ガラス作家ピーター・アイビー氏作。かすかに緑みを帯び、気泡の入ったガラスの質感は、アンティークのようでもあり、一方、その薄さと精巧さは、実験道具のようなストイックさがあります。
D.「エプロン商会」のエプロン。〝あがるエプロン〟をコンセプトに、フランスなどのデッドストック生地で仕立てたそれは、身につけるだけで、家事が楽しくなりそう。

A

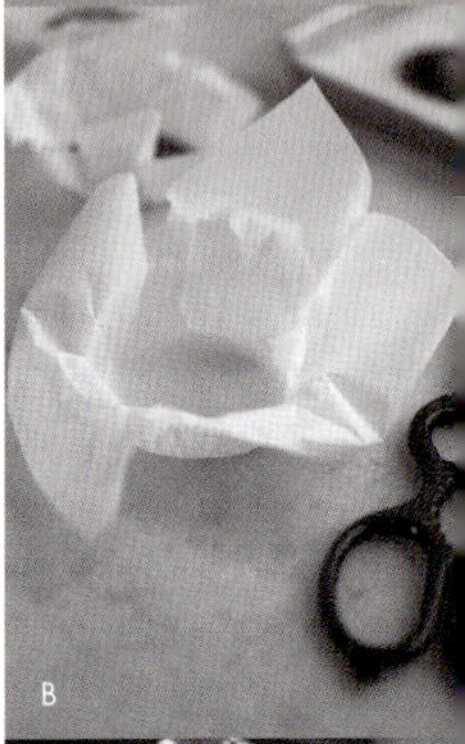

B

C

D

A
B
C
D
E

郵便はがき

料金受取人払郵便

小石川局承認

1427

差出有効期間
平成27年8月
2日まで

112-8731

東京都文京区音羽二丁目
十二番二十一号

講談社　生活文化局

「単行本係」行

愛読者カード

今後の出版企画の参考にいたしたく存じます。ご記入のうえご投函くださいますようお願いいたします(平成27年8月2日までは切手不要です)。

ご住所　〒□□□-□□□□

お名前
(ふりがな)

生年月日（西暦）

電話番号

性別　1 男性　2 女性

メールアドレス

今後、講談社から各種ご案内やアンケートのお願いをお送りしてもよろしいでしょうか。ご承諾いただける方は、下の□の中に○をご記入ください。

□　講談社からの案内を受け取ることを承諾します

TY 000070-1305

本のタイトルを お書きください

a　**本書をどこでお知りになりましたか。**

1 新聞広告（朝、読、毎、日経、産経、他） 2 書店で実物を見て
3 雑誌（雑誌名　　　　　　　　　　　　　　） 4 人にすすめられて
5 DM　6 その他（　　　　　　　　　　　　　　　　　　　　）

b　**ほぼ毎号読んでいる雑誌をお教えください。いくつでも。**

c　**ほぼ毎日読んでいる新聞をお教えください。いくつでも。**

1 朝日　2 読売　3 毎日　4 日経　5 産経
6 その他（新聞名　　　　　　　　　　　　　　　　　　　　）

d　**値段について。**

1 適当だ　2 高い　3 安い　4 希望定価（　　　　　　円くらい）

e　**最近お読みになった本をお教えください。**

f　**この本についてお気づきの点、ご感想などをお教えください。**

私のスタイリングヒント

Inspiration

◎想いは、重いから、へたれないかごに詰め込んで。→A
◎出先では、洗い物の水以外は拝借しない心得で。ナプキンで鍋をしっかり包み込めば、漏れ防止にもなりますし、一石二鳥です。→C
◎背景に敷いた大理石は、テンパリング作業には欠かせないもの。だから、チョコレートのある風景に大理石は、違和感がないのです。

Elements

A. 南仏の市場で買ったもの。皆、こんなかごをぶら下げて、野菜や果物をポンポン入れていく。表底が革張りになっていて、どんな重いものを入れてもへたりません。
B. ストウブの鍋。黒に真鍮の取っ手の取り合わせと決めています。
C. リネンのナプキン。大振りのナプキンで、ある程度使い込んでへたっているので、使いやすい。赤いラインの入っているものと決めています。
D. プジョーの古いコーヒーミル。手で回して挽く原始的な構造ですが、取っ手部分で挽きの細かさを調節できる優れもの。
E. スウェーデン製の木の入れ物。最後の味の調整に使う調味料を入れています。

episode 06

「ミントティー」

こんなにふんだんに生のミントが入っているなんて、
なんて贅沢なのでしょう！

ベルギー滞在中にやっていた、ささやかな贅沢といえば、フレッシュミントティー。どこのカフェに入っても、ミントティーというメニューがあって、注文すると、耐熱のグラスに、ぎゅうぎゅうにミントの葉が詰められてお湯が注がれたものが出てくる。丸いティーストレーナーも差さっていて、中には、ガンパウダーと言われる中国茶が入っている。

こんなにふんだんに生のミントが入っているなんて、なんて贅沢なのでしょう！　さぞかし高いのでは？　と思うと、まったくそうではない。

そのわけは、毎週末に立つ、大きな市場で見つけることができる。モロッコからの行商人が、大量のミントを大きなかごに詰めてやってくる。三十センチほどもありそうな立派な枝を二十〜三十本、レモングラスの葉で結んだ束が、たったの一ユーロ足らず。その隣の、モロッコ菓子屋さんでは、甘いお菓子とともに、甘い甘いミントティーを出すスタンドがあって、ミントティーの習慣は、こちらからきたのだな、と理解する。

もともと、お茶派の私ですが、ベルギー滞在中、日々の番茶は、ミントティーに取って代わった。たっぷりお砂糖を入れるときもあれば、ミントの爽

街一番の市場では、ベルギーの特産品を始め、地続きのヨーロッパで四方を他国に囲まれたお国柄、隣国からの美味しそうな食材も並び、賑やかです。

快感だけを楽しむときもある。どちらもホッと一服、気持ちがすーっと落ち着くのである。

東京では、自家栽培でもしていない限り、いよいよ贅沢な代物になる。気持ちばかりのミントの葉を入れたって意味がないので、りっぱなミントがたくさん手に入るときまで、この味はお預けである。そうやって、ミントティーを懐かしむとき、必ず思い出す言葉がある。旅先で知り合った移民の男の子が、故郷に置いてきた彼女について言った言葉。

「熱いお湯を注いだガラスのコップのように、上手《うま》く持てないけれど、離したら、落として壊れてしまう、そんな存在だよ」

耐熱ガラスのコップを見るたびに、なんともいえぬもどかしさを帯びた、この彼の言葉を思い出すのである。

どこのカフェでミントティーを注文しても、申し合わせたように、必ず、耐熱のグラスに、生のミントと茶葉が入って、小さなお菓子が添えられていました。

おまけ。

六月くらいから夏のバカンスに入る前までの数週間、シェフは、大きな寸胴鍋で、アイスティーを仕込む。オレンジの輪切りをゴロゴロと、アニスとクローブをお好きなだけ。直径十五センチほどもありそうな大きなストレーナーに紅茶の茶葉を入れ、鍋に落とし、たっぷりの水と信じられないほどたっぷりの砂糖を入れて、じっくりと煮出す。瓶に入れ替えて、よく冷やせば、我々スタッフが営業中に飲むエナジードリンクになる。アニスとオレンジの利いた、エキゾチックな味は、夏の間、病みつきになった。

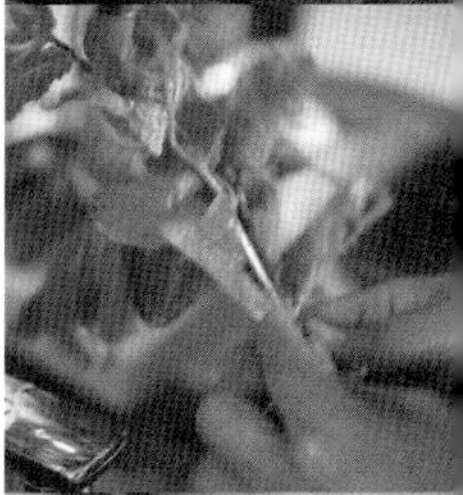

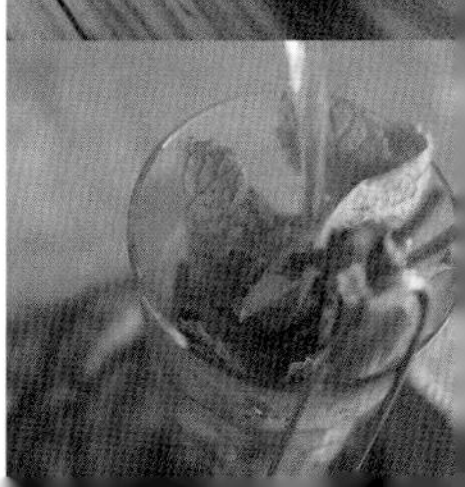

ガンパウダーと呼ばれていたものは、手揉みで丸い形状の緑茶系の中国茶。最近では、日本茶だったり、ハーブティーのティーバッグが添えてあることも。ガンパウダーがなくても、発酵の少ないお茶で、いろいろ試してみるのもよいようです。

B
A
C
E
D
F

私のスタイリングヒント

Inspiration

◎耐熱のグラス（→A）にぎゅうぎゅうに詰められた新鮮なミントの葉は、お湯を注ぐといっそう、その緑の鮮やかさが引き立つのです。そのために、背景は、極力無彩色に。モロッコ製の大きなアルミのトレイ（→F）も、無彩色ながら、ミントの故郷を思わせます。

Elements

A. 面取りの耐熱グラスがいい。ぽってりとした縁も、熱いものの口当たりをやわらかくするようです。
B. 甘い甘いモロッコティーに倣ってか、必ず、大量の砂糖が付いてきます。たくさん砂糖を入れたら、ぎゅうぎゅうに詰まったミントと格闘しながら、混ぜ、溶かします。ベトナムの、チェーを食べるときに付いてくるアルミ製のスプーン。
C. ベルギーのディル＆カミルという雑貨屋さんで買ったもの。お好みの濃さになったら引き出せばいいのです。
D. さりげないようで、とっても重要。お湯を注いだグラスは持てないから、ソーサーでサーブ。そこには、お茶菓子や砂糖がのっていて、取り出したティーストレーナーの置き場にもなる。何役もかってでる「器の大きい」器です。陶工安藤雅信氏作の銀彩の皿。
E. 飲み物に必ず付いてくる小さなお菓子は、ちょっと得した気分で嬉しい。
F. 直径80センチほどもありそうな大きなアルミのトレイは、すべて手作業で柄が彫られています。低い台にのせて、暇そうな男たちが寝そべって、甘いミントティーを飲んでいそうです。

episode 07

「ローストビーフと日本酒フォンデュ」

「もてなし料理」とは、その人にしか出せない味

我が家では、クリスマスには決まって、ローストビーフを焼く。〝気取った〟もてなし料理の王道であるが、でもそこには、きちんと理由があって、そのわけは、ベルギーのマダムから教えてもらったように思う。

ベルギーに来て日の浅い、レストランがお休みの、ある月曜日の夕方、マダムが「ローストビーフを作るから、食べにいらっしゃい!」と、夕飯に招いてくださった。美味しいもの、いいものに厳しく、小手先のテクニックなどを嫌う彼女が、人が集まるときに作る料理といえば、決まって、ローストビーフ。

上等な牛フィレ肉の塊に、塩、胡椒をして置いておく。フライパンにたっぷりのバターを溶かし、肉の表面にきちんと焼き色をつける。玉葱、人参を縦半分に切り、肉の脇に置き、フライパンごとオーブンへ。

「この肉の大きさだと、焼き時間は三十五分ってとこかしら」

その間に、マヨネーズソースを作る。檸檬《レモン》汁と塩に、卵黄を落とし、よく混ぜる。マスタードも加えて、またよく混ぜる。そこへ、少しずつ油を注ぎながら混ぜ、乳化させていく。好みの固さになったら、味をみて、塩、胡椒をする。

マダムのローストビーフは、決まって、レストラン用に買い付けているシャロレ牛のフィレ。霜降り和牛とは違った赤身の肉は冷めても美味しいのです。

付け合わせは、小さなじゃが芋を半分に切って、揚げ焼きにしたもの。あとは、たっぷりのサラダ。

材料といえば、牛フィレ肉の塊、玉葱、人参などの野菜、小さなじゃが芋、塩、胡椒、卵、檸檬、マスタード、油くらいなものである。上等な肉さえあれば、あとは、家にあるもので作れてしまう。いたってシンプル。まったく肩に力を入れる必要がない。

ただし、上等な肉を選ぶ目、肉の塊の大きさによって、オーブンで火を通す時間、肉汁を落ち着かせるためにおく時間、薄く薄く切るための、よく研いだ包丁とテクニックには、細心の注意を払う。これらは、小手先ではコントロールできない、何度も作ってこそ身に付く〝感覚〟である。そういうところに、その人なりの、こだわりやセンスやオリジナリティが表れるから、その人にしか出せない味になる。「もてなし料理」とは、きっとそういうもの。決して気取っているわけではない。

そんな彼女が、一度だけ、目新しい料理でもてなしてくれたことがある。

「フレンチデリカテッセン カミヤ」のローストビーフ用の肉は、誰でも美味しくローストビーフが焼けるように、と仕込まれた魔法の肉。焼き方は、84ページへ。

ベルギー滞在も終盤の頃、感謝の意を込めて、BENTO PARTYを催したことがあった。マダムのキッチンを拝借したので、日本料理の「に」の字も残さないようにきれいに片付けたつもりだったが、うっかり、アペリティフとして出した日本酒を一瓶忘れてきてしまった。

その翌日、「面白いものを作ったから、食べにいらっしゃい!」とマダムに誘われ、ランチにうかがうと、チーズフォンデュの準備中。「あなたが忘れていった日本酒を、白ワイン代わりに使ってみたの。結構いけると思わない!?」

いまどきのレストランの、とってつけたような"à la japonaise"や"goût de yuzu"を好まない、マダムの斬新な発想。こういう変化球も、また楽しい。

こちらのチーズフォンデュも、材料といえば、エメンタールチーズとグリュイエールチーズ、少しのコーンスターチとたっぷりの白ワイン、香り付けのにんにく、そして、固くなったパン、ふかしたじゃが芋、カリフラワーや生のマッシュルームを一口大に切って、盛り合わせておく。あとは、思い思いの具材を串に刺して、ワイワイやればいい。

ベルギー、アントワープの街で、三十年以上経営しているレストラン。近所のご家族から、世界的に有名な芸術家まで、さまざまなタイプのお客様が、ただ、食事を楽しむためにやってくるお店でした。中央のお二人が、オーナーご夫妻。独特な「もてなし」観と、温かいお人柄が、レストランの隅々に表れ、多くのことを学びました。

一つ、忘れてはいけないこと。

「MOTO（マダムは私をこう呼ぶ）、今日は水を飲んではダメよ。胃の中で、チーズが固まってしまうから。フォンデュのときは、白ワインを飲みなさい」

かごは、ベルギーで購入した古いもの。パンは保温と保湿のために、布で包むといいでしょう。

1. よく熱したフライパンに、たっぷりのバターを溶かします。　2. 肉の表面をまんべんなく、しっかり焼きます。　3. よく焼き色がついたらバットに出し、ホイルをかけて休ませます。　4. フォンデュ用のチーズをさいの目切りにし、コーンスターチをまぶします。　5. にんにくをすりつけて香りを付けた鍋で、チーズをじっくりと溶かしていきます。　6. すこし休ませた肉をできるだけ薄く切ると、きれいなピンク色をしています。　7. つけあわせのいんげん用にみじん切りの赤玉葱とバターを炒めます。　8. いんげんは、へたを取り、軽く湯がき、7の鍋で炒めます。　9. 温かい鍋ごと、テーブルへ。

A. パンは、たっぷりあるといいでしょう。　B. グラスは、ステムの低いものを選びました。　C. ベルギーの雑貨屋さんディル&カミルで購入したブラシ。ムール貝の絵のものは硬めのブラシ、果物の絵のものはやわらかいブラシ。ムール貝を出すところ、やはりベルギーのお国柄。　D. ドイツのターク社の鉄製フライパン。重いですが、肉を焼くと表面がガリッと焼けるのです。　E. 肉の温度を計る針。実は自家製。肉の中心めがけて刺して、くちびるにあてると、芯まで火が入っているか否かわかるのです。その行為がプロっぽくて、肉焼き名人にでもなったような気分が味わえます。　F. 金工成田理俊氏作。カーブのきれいさに使ってみたくなりました。　G. 湯がいたものを冷ましておくのに竹ざるはやっぱりはまり役。　H. 北欧製のキッチンクロス。吸水性もあり、キッチンに立っている間は暇さえあれば左手にいろいろなところを拭いています。丈夫で、熱湯をかけたり漂白したりしてもへこたれないので、使い勝手のよいものです。　I. オリーブの硬いボード。密度が濃く、油が染み込む感じがしないので、肉用として使っています。

Inspiration

◎ベルギーの食卓は、ベルギーで集めたものを中心に。出身地の近いもの同士は、やはりどこか通じるものがあって、一緒にいても、おかしくないのです。
◎パンは、数種類をたっぷりと。それだけで、豊かな気持ちになります。布でくるむのは、乾燥をさけるためです。→F
◎「汚れそう」と思わずに、思い切って、白いリネンをふんだんに。くるまれていたり、ふわっとかけられているだけで、少し丁寧な雰囲気になります。汚れたら、洗えばいいのです。→D

私のスタイリングヒント

Elements

A. 日本で買った南フランス製の器。粗い土に白い釉薬がかかり、貫入が入った様がきれいです。

B. ベルギーの銀メーカーのものと、リヨンで買った水牛の角の柄のナイフ。

C. ロイヤルボッシュ社のもの。ロイヤルコペンハーゲンの器に代表的なブルーフルーテッド柄を模したもの。ベルギーのレストランのマダムが、蚤の市で見つけては少しずつ買い集めたコレクションは、レストランの厨房前の棚に飾られていました。

D. 植物の刺繍が施されたデンマーク製のリネン。刺繍入りのリネンはどの国の女性にとっても、きっと憧れのものです。

E. ベルギーのクリスタルメーカーのもの。グラス大中小とクープが、12個ずつセットで、200€！　日本まで持ち帰らなくてはならないことを忘れて購入しました。どうしてこんなに安いのか、と目をこらして、ダメな部分を探しましたが、型ではなく、吹いて作ってあり、縁をはじけばキーンといい音がして、脚の部分の面取りも手作業で、不具合は見当たりませんでした。

F. ベルギー西部の海岸地帯で昔から行われている小えび漁のときに使われるかごと同じ作り方でできたもの。

G.H. ベルギーの蚤の市で買いました。大小の鍋と小さなミルクピッチャーがセットに。表には、同じ名前のサインが彫られています。きっと、誰かさんの嫁入り道具です。

I. 日本で買ったフランス製の器。磁器に近い粘土質の土を焼いたもの。裏には、刻印の代わりに、小さなハートマークが彫られていました。

J. 自家製マヨネーズ。ベルギーのゲントという街の、薬局のような店で昔から売られているマスタードをたっぷり入れて。

episode 08

「餃子」

気の置けない仲間と、ちょっとした深い話をしたいときは「粉ものの会」

「ごはんを作るから、食べにおいでよ」心身ともに少し疲れていた頃、レストランで一緒に働いていた皿洗いのチベット人に、ごはんに招かれたことがあった。たぶん、彼は、レストランでの私の様子を見兼ねて、声をかけてくれたのだろう。

「今日はモモを作るよ」

男子の独り暮らしとは思えないほど、調理に必要なものがきちんと整った、きれいなキッチンで、彼は、小麦粉を取り出し、黙々と皮作りを始める。

水と少しの塩を足し、ある程度捏ね上げた生地をしばらくねかせる間に、今度はアン作り。分厚いまな板と真四角の包丁で、肉も野菜も器用に切っていく。肉は豚肉がいい。できたら自分で粗挽きに。にんにく一片をみじん切り、細めの葱を二束ほど、ざくざく小口切りに。醤油、ごま油、少しの塩、胡椒で味をみて、ぐるぐる混ぜ合わせて完成。

アンができ上がる頃、先程ねかせておいた生地を取り出し、もう一捏ね、長細く棒状にのばし、トントンと一口サイズに切っていく。それを積んでぎゅっと潰《つぶ》し、今度は、生地をクルクルと回しながら、めん棒の端で、器用に丸くの

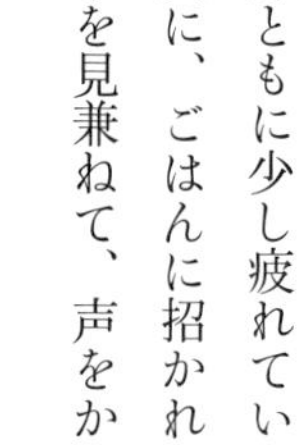

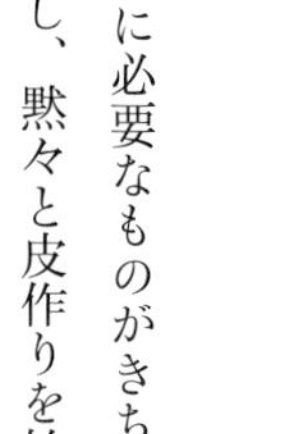

右：皮の生地をぽんぽん切って丸く潰し、まんべんなく粉をまぶします。
左：年季の入ったアルミ製の蒸籠が、湯気を出しながら、スタンバイしています。

ばしていく。その速さたるや職人並み。ある程度、皮ができ上がると、アンを取り出し、これまた職人並みの速さで包んでいく。ときどき、鼻歌も混じって、なんだか楽しそうである。私も手伝おうと手を伸ばせば、「こうやって包んで!」と、教えてくれる。中国内陸の大家族の娘にでもなった気分で、ぺちゃくちゃおしゃべりしながら、単調に手を動かして、百個も二百個も餃子を仕上げていく様子を思い浮かべる。

おおむね包み終わると、「さあ、さあ、君は、これを持って向こうで待っていて」と、取り皿を渡されて、キッチンから強制退去を命じられる。火元でシューシュー湯気を出しながら、美味しそうな匂いを漂わせる蒸籠《せいろ》の周りで、粉まみれの作業台から床まで隅々拭き上げる、彼の一連の動作は、素晴らしくかっこよかった。米食文化の我々日本人が、毎日お米を炊いて、当たり前に食べるように、粉食文化の彼にとって、餃子の皮を作って食べることなんて、日常茶飯事なのである。

右手には、ほかほかの餃子が山盛りに積まれた大きな鉢と、左手には、いつの間に作ったのか、粗挽き唐辛子と小口切りの葱を熱したごま油で和えた真っ

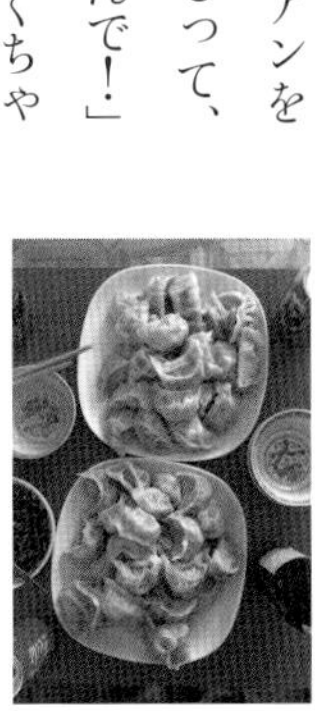

これ、何人で食べるの!? と言ってしまいそうな量の餃子が、山盛りにされた器のある情景は、食欲をそそります。

赤なタレを持って、彼はやってくると無造作にテーブルに置いて、「Ｓａ、Ｓａ！」と言う。チベット語で「どうぞ！」という意味だそう。「さあ、さあ、どうぞ！」というわけだ。

「あら、箸がないわ」と、私が取りに行こうとすると、きょとんとした顔をして、手摑みで食べ始めた。そうか、箸は使わないのか！　それならば、私も、チベット式に手摑みで……。

気の置けない仲間と、ちょっとした深い話をしたいとき、「粉ものの会」を催す。いつもはあまりしない、泥んこ遊びみたいな単調作業を一緒にやりながら、一体感を高めてから、まったりとごはんの時間に流れていく。自然と心も解《ほど》けて、いい話ができるのではないかな、と思う。

D
A
B
C
E

私のスタイリングヒント

Inspiration

◎いろいろな国を経由して、イタリアにまで至った粉食文化。旅の象徴として、籐編みのトランクの上にのせて。
◎鮮やかな黄色に合う日本食はあまり思い浮かばないですが、いかにも辛そうな赤いタレなどには、なぜかよく合い、中国のお札のような色合い。→D

Elements

A.北京の蚤の市で買った、透けるような薄作りの鉢。餃子の皮から透けるアンのように。
B.ベトナムのバッチャン焼のような風合いですが、こちらも北京の蚤の市で買ったもの。中国で昔から珍重されている蘭の柄は、蜘蛛のよう。
C.インドやベトナムのホーロー引きのれんげ。ふたつとない微妙な色合いがいい。
D.天津の蚤の市で買った、こちらも薄作りの小鉢。鮮やかな黄色が目を引きます。
E.ベトナムで束で買った中華箸。無駄に長く、曲がっていたりするので、必ずしも使いやすいわけではないですが、中華気分を盛り上げるのにいかがでしょう。

第三章　旅先の食卓

chapter 3

旅をするのは好きです。なぜなら、
日本とは違った風土や環境で生きる人々の
人間模様を垣間みるのが好きだからです。
食べ物は、その最たるもの。
そして、それを取り囲むものも、
それである意味が、そこにあるように
感じるのです。
旅先の、空気や、光や、植物や、
人々の活気や、表情や、
一つ一つに、もてなしのヒントが
隠されているかもしれません。

episode 09

「カレー」

魔法にかける、アペリティフ

二年前に、友人とスリランカを旅したときのこと。ローカル列車に乗りたい！　アーユルベーダをしたい！　ジェフリー・バワの建築に泊まりたい！と目的はそれぞれだったが、三人に共通していたことは、食いしん坊だということだ。誰かと、知らない地を旅するとき、何か一つ大きな共通項が見出せないと、それは悲惨な結果になる。その点で、毎日三回やらなくてはならない「食べること」への食欲レベルが一緒だったのは、ラッキーなことだ。

さらにラッキーなことに、一週間、運転手として我々と一緒に旅をしてくれたスリランカボーイが、無類の料理好き。メニューを見ては、「これは、こうやって、ああやって作るのだ」と細かいレシピを教えてくれる。食事の後、移動の車中は、料理や食材の話で大盛り上がり。私は、それを細かくノートに記録する。あまりに我々が料理に興味津々だったからか、彼は「最後の夜、ママの作るスリランカ料理をもてなしてあげるよ！」と我々を招いてくださった。最終日ということもあり、もう我々も相当のスリランカ料理通。だいたいのものは知っているわ！　と思いきや、我々来客者のために、親戚やご近所の女子たちが集まって用意してくださった十種類もの料理は、どれも初めての味で、

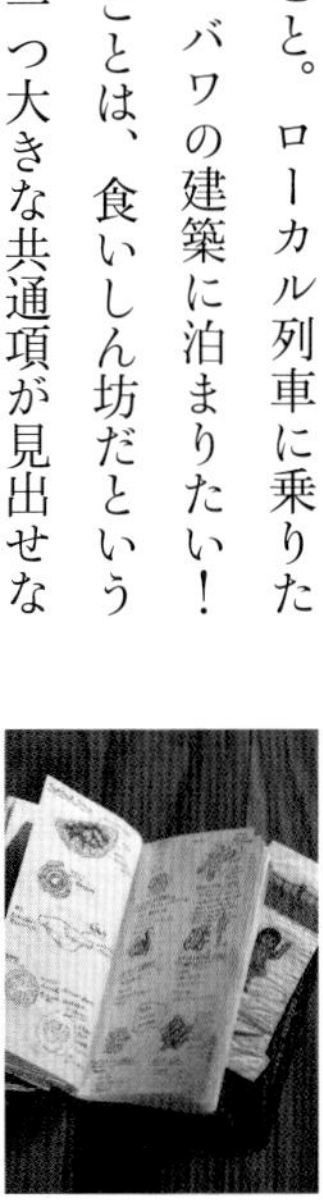

「ミドリ」のトラベラーズノート。旅先には必ず、まっさらなものを一冊持っていきます。Ａ４を三つ折りにしたサイズと、適当なページ数がちょうどよく、資料やチケットを挟んだり、目にした光景をらくがきしたり。食べた料理のスケッチと作り方の走り書きも。

最後まで度肝を抜かれたのだった。

　そうした中で、気が付いたことは、カレーは、作り方やスパイスの調合で、美味しさのバリエーションが無限大、ということ。いろいろなものを混ぜて味を複雑にすればするほど、乙女心のように難解な、魅惑的な味になる。カレーにのめり込む男子が多いのも、そんな理由なのかもしれない。もし、私が、自宅に彼を招いてカレーを作るなら、チャツネ代わりに梅干しや鰹だしを入れたり、媚薬を作る魔女のように、隠し味をたくさん入れちゃうかも。

　大きなストウブの鍋で、グツグツ作って、そのままテーブルにドンと置く。「ご飯はこれくらい?」「ルーはこれくらい?」目の前で、器によそって、差し出す演出も、彼に魔法をかける、よいアペリティフだ。

　そんな魅惑のテーブルに、荒々しい粗野な器では男っぽすぎ、北欧の可愛らしさでは子供っぽい。業務用の硬質な白い器も色気がないですし、だからといって、高級ブランドの金縁や装飾華美な器では、エルメスのバッグを持った高校生のように滑稽《こっけい》で、醜い。

　ある女性陶芸家の作る器は、凛とした芯の強さをもった素地に、移ろう乙女

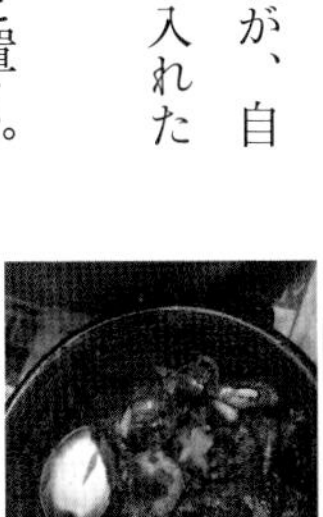

右：旅の最初のランチで、地元の人しか行かなそうな小さな食堂で食べた、初めてのスリランカカレープレート。ぐしゃぐしゃに混ぜながら食べます。
左：旅、最後の夜の、スリランカの家庭料理。えびと青唐辛子に、庭先で摘んだ、生のカレーリーフと、ゴトクアという葉っぱがふんだんに入った、日本ではなかなか味わえない料理で旅を締めくくったのでした。

心のような、曖昧なムラを持った釉薬《ゆうやく》がかけられて、さりげない色っぽさがある。そんな器の中で、カレーは、やはりカレーなのである。

真鍮や銀メッキの鈍い光沢が、スパイスのものと合うのも、忘れてはいけない。昔から、スパイスが、万能薬のように人々に珍重され、大切にされてきたからだろうか？　薬屋のように、清潔を保つためだろうか？　どちらにしても、添えもののらっきょうやチーズを、鈍い光沢を放つボウルにざっくりと入れて、「お好みで」と差し出してみる。

クスリの効き目はいかがなものだろうか？　美味しいカレーの作り方は、彼の作り方になるかもしれない。

「ESA」のスパイスセット。本格的なカレーを作るために、スパイスを揃えるのは結構大変ですが、こちらのセットを使えば、丁寧なレシピも付き、気負わずに作ることができます。また、一袋買うごとに、アジアの貧しい子どもたちが学校へ通うための支援もできるのも、嬉しいことです。

LA COCOTTE
STAUB

D
B
E
A
F
C

私のスタイリングヒント

Inspiration

◎どーんと、ざっくりと、「お好きなだけどうぞ」の豪快感を。
◎スパイス市場を想像すると、金属のものが使いたくなります。→C・D
ストライプのクロスも、そんな気分なのかもしれません。→F
◎カレーには、お酒でもなく、お茶でもなく、キンキンに冷えた氷水が飲みたくなります。どんなに辛いかわからないから、たっぷりと。→E

Elements

A.ストウブの鍋。じっくり煮込むカレーや、ご飯炊きにいい。
B.陶工一柳京子氏作。微妙な青みを帯びた灰色、縁の立ち上がりが、カレーのようなものも受け止めます。
C.モロッコの市場で使われていたはかり用の真鍮皿。鍋の取っ手と同じ素材。
D.金工鎌田奈穂氏作。アルミの軽い匙。匙部分のカーブが浅く、汁っぽいものをすくうにも、口へ運ぶにも、ちょうどいい。
E.ガラス工辻野剛氏作。大振りのピッチャーに、ざくざく氷を入れて水差しに。
F.アフリカの少数民族の生地。10センチほどの幅の織物を繋ぎ合わせたもの。

episode 10

「シチリアパスタ」

素材のままに身をゆだねれば、おのずと美味しいのである

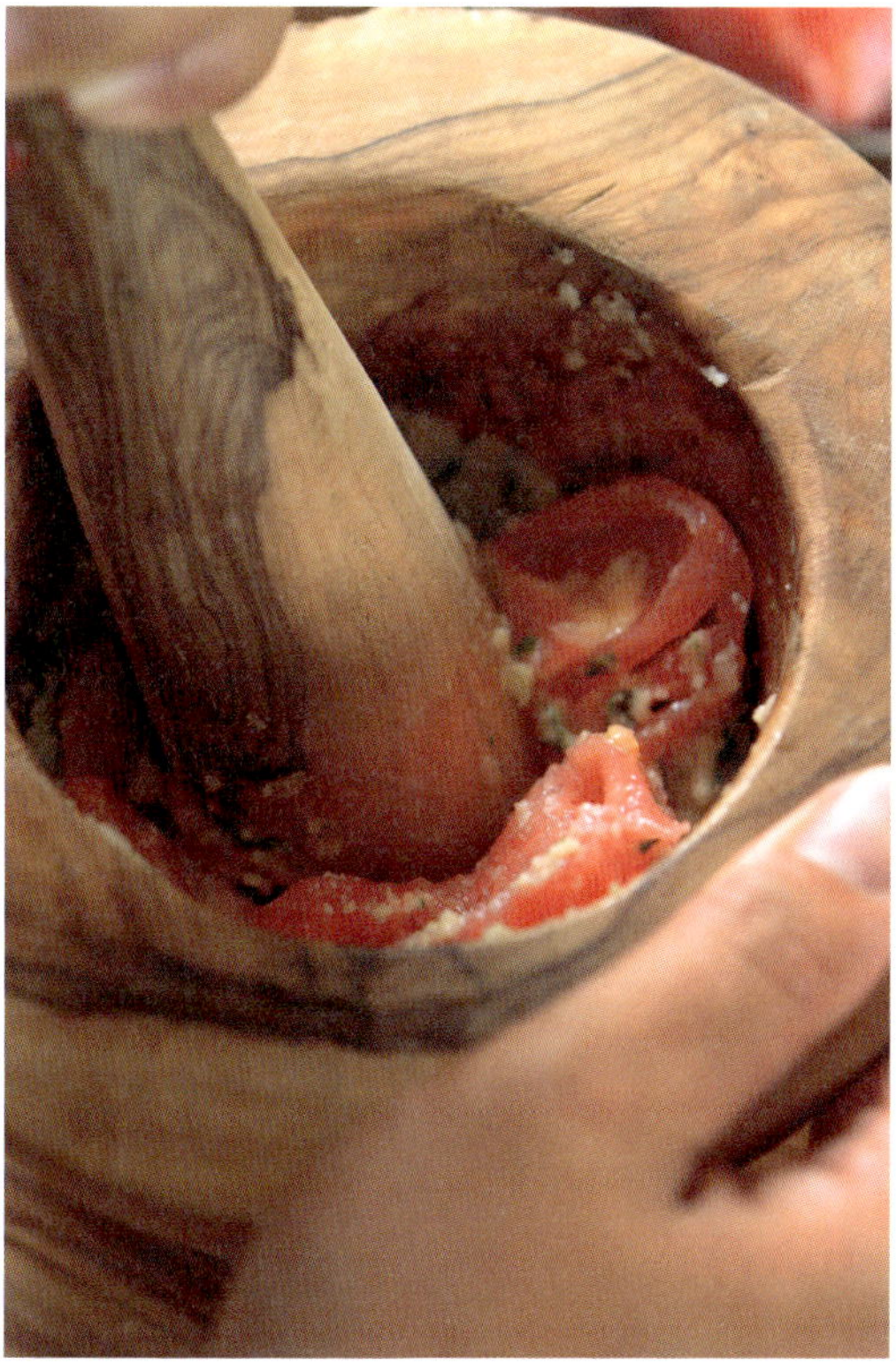

シチリアから、遥々持ち帰った、オリーブ製のすり鉢。重く、硬く、ナッツだって簡単に潰せてしまう。ミキサーで粉砕もいいですが、一つ一つ手動で潰していくと、組織の壊れ方が違うのか、その労働のおかげか、なんだか美味しく感じます。

遥々《はるばる》やってまいりました。シチリアは、パンテレリア島。シチリア在住の日本人女性の、料理本をスタイリングしたことがきっかけで、彼女のバカンス先に図々しくお邪魔させていただいたのだ。

シチリアのトラパニーという西海岸の港町から、船に乗って南下すること八時間。アフリカ大陸にほど近い、火山島であるその島は、黒い溶岩石がゴツゴツとして、肉厚な植物と、乾燥に強そうな植物が、岩場を這うように生えている。見たことのない生態系で、イタリアといって想像する風景とはほど遠い。

一年を通して強い潮風にさらされるため、オリーブの木も、ぶどうの木も、膝丈ほどの低木である。極限状態にあって、ぎゅっと味の締まった実をつけるぶどうからは、シチリアが誇る「パッシート」という甘いお酒ができる。ケッパーの産地としても有名で、農園へお邪魔して、ケッパー摘みをさせていただいたのも、また貴重な体験であった。

ある日の晩、シチリアの大男たちが、我々日本人女性のために、料理をごちそうしてくれたことがあった。ケッパー農園のおじさんは、自家製パッシート

右：シチリアのワインメーカー「ドンナフガータ」社のパッシート。ぎゅっと濃縮した甘さが、乾燥した空気と、強い日差しを思い起こさせます。
左：ごろごろと溶岩石で覆われた島は、その石を積み重ねた上に、水を通わせた白い屋根がのった「ダンムーゾ」という独特な住居が点在。パンテレリア島特有の風景です。

と白ワインをジュースの空瓶に入れ、大量の小魚をビニール袋にごっそり入れてやってきた。ガイドのおじさんは、グルグルサルシッチャ（ソーセージ）を肉屋で調達して、集合する。

石造りの野外キッチンで、ノソノソと仕込みを始める大男たちの手付きは、意外にも繊細である。窯《かま》の薪に火を灯し、大きな網に魚やサルシッチャを挟んで焼く、豪快な料理の脇で、すり鉢に材料をぽんぽんとちぎり入れて潰《つぶ》していき、茹《ゆ》でたフッジーリに和えて、あっという間にできたパスタは、いかにも美味しそうだった。サルシッチャが焼き上がる頃、大男たちは、大きなテーブルにテーブルクロスを敷いて、お皿とナプキンを配る。イタリアでは、食事のときは、必ずテーブルクロスを敷くという。「ほら、坊や！　遊んでないで、さっさとテーブルの準備をしなさい！」とマンマに言われ、焦って支度をする大男たちの幼少期を想像して、おかしくなった。

はちきれんばかりの、ブリッとした、真っ赤なトマトを見つけたら、シチリアのパスタを無性に食べたくなる。オリーブの木でできた分厚いすり鉢で、に

右：現地で食べたパスタは、素材の味が濃いから、どう調理しても美味しくなってしまうようです。
左：素材をただ、網で焼いただけ。紙のテーブルクロスに、プラスティックのお皿。でも、しっかりと、美味しい記憶として残っているのです。過剰に取り繕う必要のない、素材の強さが、シチリアにはありました。

んにく、生のアーモンド、バジル、トマトを潰してペーストを作り、それをオリーブオイルでのばしてソースにして、茹でたてのパスタに和えるだけ。気持ちに余裕があったら、パスタも打ってみてはいかが？　強力粉の代わりにセモリナ粉を使って、担々麺の麺を作る要領でやってみよう。

イタリアは素材力がすごいから、調理法や道具にこだわらなくても、素材のままに身をゆだねれば、おのずと美味しいのである。

おまけ。

言葉はまったく通じないのに、どうもケッパー農園のおじさんに気に入られたようで、「アンジェラ！」と命名され、積極的にアタックされた！　イタリア人男性は、ナンパは文化というけれど、イタリアのはずれもはずれの、こんな小さな島でも、それは脈々と受け継がれているのであった。

ラブコールをいただいた、ケッパー農園のおじさん。日々、過酷な環境で、農作業をしているためか、御年七十数歳とは思えぬ、足腰のたくましさ。自分が、六十過ぎの未亡人とかでしたら、こんな運命もあるのかも、と考えたりします。

1. にんにくは、皮を剥《む》いて、 2. 塩と一緒に、しっかり潰します。 3. アーモンドは、生のものがあればよいですし、なければ、乾燥のものにぬるま湯をかけ、しばらくおくと、外皮がつるっと剝けます。 4. アーモンドをつぶした後、新鮮なバジルの葉をちぎり入れ、潰します。 5. トマトは湯むきしてざくざく8等分ほどにして、種は取っておく。 6. トマトを少しずつ加えながら、潰します。

7. 茹でたてのパスタに和えます。フッジーリのようなソースのからみのよいものがいい。　8. パルメジャーノレッジャーノをたっぷり摺りかけます。　9.小魚は内臓を取り、塩、胡椒し、薄く粉をまぶして素揚げにします。セモリナ粉でも。　10.ざっくり器に盛り、檸檬《レモン》を添えて。11.余ったトマトでもう一品。バルサミコ酢とオリーブオイル、ケッパーのみじん切りで即席サラダを。　12.テーブルに布を敷いて、よく冷やした白ワインをどんと置きます。

F
C
B
D
E
A
G
H

私のスタイリングヒント

Inspiration

◎イタリアでは、食事のときには必ずテーブルクロスを敷くといいます。ですので、テーブルランナー代わりに、生地を一枚敷きました。→G
◎アフリカ大陸に近いパンテレリア島の漁港では、アフリカからの亡命者たちを乗せてやってきた漁船が打ち捨てられている光景を目にしました。その錆びた船底の感じが忘れられなく、錆びた鉄板を背景に使いました。
◎最初、青い取り皿は入れていませんでしたが、ひと味足りないな、と思い、不意に差し込みました。図らずもワインのラベルの青とリンクして、ぐっと雰囲気を盛り上げたのでした。→D

Elements

A. シチリアでは、信じられないほど安い値段のオリーブの木のボウル。
B. 南仏の市場で買ったサーバー。大振りで、柄が短く、まるで手で混ぜるような感覚で使えるのがいいのです。
C. パンテレリア島のアンティーク屋さんで見つけた器。島の土で作った陶器とかなんとか。マヨルカ焼のような陽気さが垣間見えるものです。
D. 陶工鈴木麻起子氏作。コバルトブルーの海のような色が、真っ赤なトマトに合うのです。
E. インド製。元はピカピカでしたが、それになじめず、やすりをかけて自家製ヘアライン加工を施しました。
F. シチリアのドンナフガータ社のもの。パンテレリア島で採れる、ジビッボという甘い品種のぶどうが混ざって、ほんのり甘く、よく冷やして、強い日差しの下で飲んだら、すぐ酔っぱらいそうです。
G. どこかの海軍の布だったかしら？　しっかりした織りのいい布です。
H. 記憶は定かではないが、たしか、スウェーデン製のタンブラー。気軽に飲みたいワインですので、脚がないほうがいいのです。

episode 11

「塩漬け檸檬サイダー」

しょっぱさだけでも、甘さだけでもなく、
そのどちらもあって、
初めて知る〝美味しさ〟がある

ゴールデンウィーク前後の、急に暑い日があったりする頃、必ず仕込むものがある。ある料理家のレシピ本に載っていた「レモンのコンポート」を参考に、塩漬け檸檬を作るのだ。

　檸檬は縦に切り込みを入れる。大きな鍋にたっぷりの水とたっぷりの塩を入れ、十パーセントの塩水を作る。数枚のローリエと軽く潰した黒胡椒二十粒ほどとともに、ひと煮立ちさせ、そこに先ほどの檸檬を入れ、弱火で十分コトコトと。そのまま冷まし、瓶へ入れて保存する。

　十年くらい前だろうか。スタイリストとして仕事を始めて間もない頃、ひょんなことで、アジア圏の若者五百人ほどが集まって、香港で二週間のキャンプをする大規模なイベントに参加したことがある。同年代だけれど、いろんな国の、いろんな境遇の人たちと会話を交わして行く中で、「あなたはどんな仕事をしているの?」と聞かれて、スタイリスト、と答えることに躊躇《ためら》いを覚えたのは初めてだった。

　貧困や死に直面しながら生きている人々にとって、スタイリストという職業

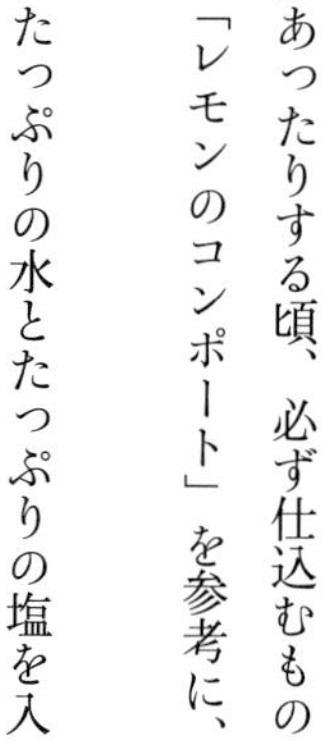

料理家サルボ恭子さんの初めての料理本『「ストウブ」で作るフレンチの基本』（実業之日本社）は、スタイリングを師匠が、撮影を旧友のカメラマンがやったこともあり、大切な一冊。塩漬け檸檬のレシピは、こちらの「レモンのコンポート」からいただきました。

は、過剰な消費社会が生み出した、人間が生きていくためになんら必要のない、おまけみたいなものにすぎないことを目の当たりにし、ショックと喪失感を覚えたのだった。そんなキャンプの終盤、香港の小さな島の漁港の、なんでもない食堂で飲んだサイダーが忘れられない。

丸ごとの塩漬け檸檬と氷がゴロゴロ入ったコップに、キンキンに冷えたセブンアップの缶が出され、サイダーを注いで飲んだら、なんとも爽快。ストローで檸檬を潰しながら、甘さとしょっぱさのバランスを変えながら飲むのも楽しい。鋭い太陽の日差しが照りつける漁港の潮くささと、汗でベトベトの肌に、甘しょっぱいその飲み物はぴったりだった。この環境にあって、この飲み物なのである。もし、ここが、極寒の地だったら、きっと美味しくない。ただ消費欲を煽《あお》るスタイリストという仕事について、私なりに少し軌道修正をするきっかけとなった。

何か、人生の岐路に立って、
何を選択するべきか、と迷ってしまったら、その環境にあることが、自然であるか否か、を考えてみる。

そうすればおのずと答えは見えてくるかもしれない。

あと、しょっぱさだけでも、甘さだけでもなく、そのどちらもあって、初めて知る〝美味しさ〟がある、ということも、人生の小さなアクセントかもしれない。スタイリストは、そんな役目を担っているのかもしれない。

真夏の暑い最中《さなか》、私のアトリエを訪ねられた方には、この塩漬け檸檬サイダーを出す。黒っぽいグラスにごろっと、半分に切った檸檬と氷を入れ、よく冷えた、下品に甘いサイダーを注ぐ。グラスの中でプチプチとはじける炭酸と、檸檬の黄色が目にも涼しく、その甘しょっぱさは、おおむね好評である。

上：ガラス製保存瓶。煮沸消毒して使えば、常温で、何年も大丈夫。まるで、タイムカプセルのようです。
下：アルザスで買ったシルバースプーン。純銀製で作りが細く繊細で、スプーン全体に施された彫りが美しい。熱伝導がよく、キーンと冷えたサイダーの冷たさをすぐに手に伝えます。

C
A
B

私のスタイリングヒント

Inspiration

◎薄手のグラスから伝わる、氷のカランコロンは、目からも、手からも、耳からも、涼やかさを感じさせます。→A
◎純銀製のスプーンは、その冷たさをすぐに伝え、スプーンを持つ指先も、ひんやりとするのです。→C
◎インド製のトレイにのせたのは、暑い国の雑踏を感じさせるためです。→B

Elements

A. ロブマイヤー社のクリスタルガラスのタンブラー。薄さゆえの口当たりがいい。
B. インド製のベコベコトレイ。黄色と黒によく合います。
C. スターリングシルバーのスプーン。銀ゆえの繊細な作りや彫りが美しい。

第四章
食卓のあとさき

chapter 4

ハイライトを過ぎて、ゆっくりと終盤へ。もてなしを、一つの物語と考えるならば、起→承→転→結の「結」がなければ、それは成立しないのです。

episode 12

「片付け」

もてなしは、片付けまでが「もてなし」である

お気に入りの布や本の挿絵など、カラーコピーして包み紙に。簡単だけれど、ふたつとない、オリジナルのラッピングペーパーになります。

片付けは、もてなす前から始まっている。我が家の台所のスペースや調理道具の数には限りがあるので、やりくりしながら料理を進めなくてはならないから、おのずとそうなる。

　調理で使った鍋は、洗ったら、すぐ拭いて、ざっと空焚きして、元の場所へ戻す。まな板やざる、木べら、箸は、そのコンロの脇に立て掛けて、しばらく乾燥させ、元の場所へ戻す。水切りかごの大きさにも限りがあるので、洗ったものは置いておかず、すぐ拭いて、元の居場所へ。次に生じる洗い物のために、スペースを空けておくことを心掛ける。

　これは、調理台だって同じこと。常に次の作業のために、前の作業のものがとっ散らかったままにならないように、片付けては拭いて、きれいに空けておく。そうしていると、お客様がいらっしゃる頃には、五割ほどの片付けは終わっている。しばらく、片付けの手を止めて、もてなしに専念する。もてなした側が、台所に立ちっぱなしでは、意味がないですから。

　宴もたけなわとなり、ゆったりと会話中心の雰囲気になった頃、空になった大皿をさりげなく引く代わりに、お菓子や果物を出し、食べ終わった銘々皿を引く代わりに、温かいお茶を出して、順繰りにテーブルの上を片付けていく。バタバタと片付けを始めては感じが悪い。お客様のまったりムードに水を差さないように、ここは慎重に。万が一、「あっ、手伝うよ」「あら、そろそろおいとましなくちゃね」などと言わせようものなら、〝負け〟である。

余ってしまったお料理やお菓子は、小分けにして包む。こんなとき、ホイルは大活躍する。それをさらに、ランチョンマット代わりに使った布地をカラーコピーした紙や、今回のために用意した紙ナプキンなどで包めば、気の利いたお土産になる。これも、一つの大切な片付けである。

そうやって、お客様がお帰りになる頃までに、七割の片付けは終わっている。皆がお帰りになった後、残りの三割の内の二割の片付けをする。今日使った食器は、きちんと洗って、しっかり拭いて、重ねずにテーブルに並べる。きちんと拭いたとしても土のものや木のもの、ガラスのものは、なんとなく湿り気を帯びたまま重ねて棚にしまってしまうのが、気持ち悪く、一晩テーブルの上に放置する。

ここまでやったら、今日はもう終わり。プチンと緊張の糸を切って、きついお酒を少し舐めて、てれっとでもしようかしら。

翌朝、起きると、清々しい朝の光を受け、テーブルの上でねかせておいた器類も、昨晩の大活躍の興奮から落ち着いた様子。朝食前に、それらの器を棚にしまう。これが本当の朝飯前。いつもの置き場所さえはっきりしていれば、ものの五分で終わってしまう片付けである。それから、ざーっと床掃除をして、一連の〝片付け〟は、終了する。

片付けは、決して、いっぺんにやるものではない。

そう思えば、気楽でしょう。

片付けは、終わりではない。次のための準備である。

そう思えば、きちんとやりたくなるでしょう。

片付けは、自分の持っているものと向き合うことである。

そう思えば、ものと自分、今日のお互いの働きを労《ねぎら》う時間になるでしょう。

「遠足は、家に着くまでが遠足です」というように、もてなしは、片付けまでがもてなしである。

List & Data

わたしの「素敵」を見つけたショップ

＊掲載データは2015年1月現在のものです。本書に掲載している商品の多くが著者の私物（作家の一点もの、骨董、海外で購入したものなど）であるため、同じものをご購入いただけない場合がほとんどであることをご了承ください。各ショップ、年末年始の営業は事前にご確認ください。
＊各ショップデータの最後にある「→」以降のページとアルファベット記号は、このショップで購入したアイテムの掲載箇所を示すものです。

■ ESA アジア教育支援の会
東京都狛江市東和泉1-23-3
メゾンいづみ101
TEL 03-5497-2261
http://www.esajapan.org/
→P104

■ 伊藤組紐店
京都府京都市中京区寺町六角北西角
TEL 075-221-1320
営業時間 10:30～18:00
定休日　年末年始
http://www.itokumihimoten.com/
→P056-B

■ うつわ楓
東京都港区南青山3-5-5
TEL 03-3402-8110
営業時間 12:00～19:00
定休日　火曜、祝日
http://utsuwa-kaede.com/
→P026-F

■ エプロン商会
東京都港区西麻布2-16-5
TEL 03-5725-5636（喫茶R）
営業時間 12:00～20:00

【あ】

■ OUTBOUND（アウトバウンド）
東京都武蔵野市吉祥寺本町2-7-4-101
TEL 0422-27-7720
営業時間 11:00～19:00
http://outbound.to/
定休日　火曜
→P053-B（b）　P106-B・E

■ 有次
京都府京都市中京区錦小路通御幸町
西入ル
TEL 075-221-1091
営業時間 9:00～17:30
定休日　元旦、1月2日、3日
→P039

■ antiques tamiser
（アンティークス タミゼ）
東京都渋谷区恵比寿3-22-1
TEL 03-6277-2085
営業時間 12:00～19:00
定休日　月曜
http://www.tamiser.com/
→P088-I　P116-G

東京都台東区松が谷2-24-1
TEL 03-3841-9355
営業時間 9:30〜17:30（日曜、祝日は10:00〜）
定休日　年末年始
http://www.kama-asa.co.jp
→P039

■ **ギャラリー直向（ひたむき）**
京都府京都市中京区寺町通御池上ル
TEL 075-221-8507
営業時間 11:00〜19:00
定休日　火曜
http://www.hitamuki.com/
→P022-A

■ **Galerie wa2（ギャルリーワッツ）**
東京都港区南青山5-4-44
ラポール南青山103号
TEL 03-3499-2662
営業時間 12:00〜19:00（展覧会最終日は〜17:00、変更の場合あり）
不定休（展覧会会期以外は休廊、事前にお問い合わせを）
http://www.wa2.jp/
→P066-C

■ **ギュメレイアウトスタジオ＋さる山**
東京都港区元麻布3-12-46
和光マンション101
TEL 03-3401-5935
営業時間 13:00〜18:00
不定休（展覧会会期中は無休）
http://guillemets.net/saruyama/saruyama.html
→P010-2　P068-D

定休日　日・月曜
＊来店の場合は事前にお問い合わせを。
http://merge.co.jp/R/
→P066-D

■ **太田重喜製茶工場**
佐賀県嬉野市嬉野町大字岩屋川内甲938
TEL 0954-42-3110
営業時間 8:00〜18:00
定休日　日曜、祝日
http://www.sagaryo.co.jp/
→P020

■ **尾杉商店**
京都府京都市中京区御幸町通三条下ル
海老屋町315
TEL 075-231-7554
営業時間 10:00〜19:30
定休日　年末年始
→P035-F

【か】

■ **cafetenango（カフェテナンゴ）**
東京都世田谷区深沢5-8-5 1F
TEL 03-5758-5015
営業時間 10:00〜19:30
定休日　水曜、第1・3木曜
http://www.cafetenango.jp/
→P065-下

■ **釜浅商店**

【さ】

■ **shizen（シゼン）**
東京都渋谷区神宮前2-21-17
TEL 03-3746-1334
営業時間 12:00～19:00
定休日　金曜（年末年始休みあり）
http://utsuwa-kaede.com/shizen/
→P106-D

■ **漆工 杉田**
http://sugitaakihiko.com/
→P042-G　P052-F・G

■ **瑞玉（すいぎょく）ギャラリー**
東京都板橋区板橋2-45-11
TEL 03-3961-8984
営業時間 10:00～18:00（個展最終日は～17:00）
定休日　日・水曜、祝日（展覧会会期中は無休）
http://www.suigyoku.com/gallery.html
→P052-A

■ **ストウブ（ツヴィリングJ.A.ヘンケルスジャパン）**
お客様相談室 フリーダイヤル 0120-75-7155
http://www.staub.jp/
→P068-B　P106-A

■ **暮らしの工房&ぎゃらりー無垢里**
東京都渋谷区猿楽町20-4
TEL 03-5458-6991
営業時間 11:00～19:00
定休日　木曜（夏期、冬期の休みあり）
＊営業時間等、展示会により異なるため事前にお問い合わせを。
http://www.geocities.jp/mukuri_d/
→P140

■ **グランピエ 青山店**
東京都渋谷区神宮前3-38-12
パズル青山
TEL 03-3405-7269
営業時間 12:00～20:00
無休
http://www.granpie.com/
→P022-D　P042-F　P096-C
P106-C　P124-B

■ **昂 KYOTO（こう きょうと）**
京都府京都市東山区祇園町南側581
ZEN2F
TEL 075-525-0805
営業時間 12:00～18:00
定休日　月・火曜（不定休あり）
http://koukyoto.com/
→P010-1

■ **桃居**
東京都港区西麻布2-25-13
TEL 03-3797-4494
営業時間 11:00～19:00
定休日　日・月曜、祝日（展覧会会期中は、搬入出のため、水・木曜が休み）
http://www.toukyo.com/
→P022-C　P042-D　P052-E　P076-D

■ **donum（ドナム）**
＊WEB販売のみ
TEL 080-5418-7274
http://donum.jp/
→P116-H

【な】

■ **夏椿**
東京都世田谷区桜3-6-20
TEL 03-5799-4696
営業時間 12:00～19:00
定休日　月・火曜（祝日の場合は営業、展覧会会期中は無休）
http://www.natsutsubaki.com/
→P042-B　P085-F

【た】

■ **turk（ターク）**
http://www.zakkaworks.com/turk/
→P085-D

■ **大吉**
京都府京都市中京区寺町通二条下ル妙満寺前町452
TEL 075-231-2446
営業時間 11:00～18:30
定休日　月曜
→P042-C

■ **大黒屋**
東京都墨田区東向島2-3-6
TEL 03-3611-0163
営業時間 10:00～17:00
定休日　日曜・第2・3土曜、祝日（6月第3金曜、8月夏期休暇あり、年末年始）
http://www.edokibashi.com/
→P042-E

■ **DEE'S HALL（ディーズホール）**
東京都港区南青山3-14-11
TEL 03-5786-2688
営業時間 12:00～20:00
展覧会会期中のみオープン（会期中は無休。ただし日曜、祝日は～18:00）
http://www.dees-hall.com/
→P106-F

http://www.playmountain-tokyo.com/
→P010-3

■ **フレンチデリカテッセン カミヤ**
東京都目黒区青葉台3-17-7 1F
TEL 03-6416-4591
営業時間 11:00～19:00
定休日　月曜（祝日の場合は営業、翌日休み）
http://www.fdkamiya.com/
→P081

【ま】

■ **MIDORI®（ミドリ）**
http://www.midori-japan.co.jp/
→P102

■ **antiques miyawaki modern（ミヤワキモダン）**
東京都目黒区東が丘1-17-23
TEL 03-5432-9723
営業時間 13:00～18:00
定休日　日～金曜（土曜のみ営業）
http://miyawaki.biz/
→P029

■ **メゾングランデール**
大阪府大阪市中央区東高麗橋2-31
大阪洋服会館B1
TEL 06-6944-1711
営業時間 12:00～19:00
定休日　月・木曜（祝日の場合は営業、翌日休み）

【は】

■ **東青山**
東京都港区南青山6-1-6
パレス青山1階
TEL 03-3400-5525
営業時間 12:00～19:00
定休日　火曜
http://www.higashiaoyama.jp/
→P053-B（C）

■ **FABBRICA（ファブリカ）**
東京都渋谷区恵比寿西2-8-6 1F
TEL 03-3477-5337
営業時間 12:00～19:00（土曜は～18:00）
定休日　日曜、祝日
http://fabbrica-net.ciao.jp/
→P034-D

■ **フォンテーヌ**
東京都目黒区鷹番2-18-1
TEL 03-5722-5588
営業時間 10:00～18:00
定休日　日・火曜、祝日
http://matterhorn-tokyo.com/fontaine/
→P019

■ **Playmountain（プレイマウンテン）**
東京都渋谷区千駄ヶ谷3-52-5
原宿ニュースカイハイツアネックス#105
TEL 03-5775-6747
営業時間 12:00～20:00
不定休

http://www.lacarta.jp/
→P065-上

■ **recit（レシ）**
東京都杉並区西荻北5-26-17
TEL 03-3397-6136
営業時間 11:30～19:30
定休日　火・水曜
http://www.recit.jp/
→P026-N

■ **ロブマイヤー・サロン**
東京都港区南青山4-11-14
TEL 03-3423-4552
営業時間 11:00～18:00
定休日　日曜、祝日
http://www.lobmeyr-salon.ecnet.jp/
→P124-A

【わ】

■ **輪島キリモト**
石川県輪島市杉平町成坪32
TEL 0768-22-0842
http://www.kirimoto.net/
→P056-A

http://www.maisongraindaile.com/
→P088-A

【や】

■ **遊 中川 本店**
奈良県奈良市元林院町31-1
TEL 0742-22-1322
営業時間 10:00～18:30
不定休
http://www.yu-nakagawa.co.jp/top/
→P042-A

■ **ユキ・パリス コレクション**
京都府京都市左京区浄土寺南田町14
TEL 075-761-7640
営業時間 11:00～18:00
定休日　水・木曜、夏期（7・8月）、年末年始
http://yuki-pallis.com/
→P088-D

【ら】

■ **LACARTA（ラカルタ）**
東京都港区白金台5-3-7
くりはらビル102
TEL 03-5795-2642
営業時間 12:00～17:00
定休日　月・火曜

お役目終えた道具は、並んで、
コンロ脇でひと休み。

おわりに

最後になりましたが、この本を作るに至った経緯を、少しお話ししたいと思います。私は、主に、食まわりのスタイリストとして、十年ほど、料理を取り囲む〝もの〟のスタイリングをしてきました。そんなことから、「もてなしの本を出しませんか？」と声をかけていただいたわけですが、はて、そう思って、自分のスタイリングを俯瞰《ふかん》してみたときに、私が作ってきたものは、あくまで架空の、非現実的な世界であって、それを、各々の生活ですぐに実践できるような方程式に落とし込むことは、とても難しいことでした。

実際、私は、我が家に人をお招きして、もてなすことが大変苦手でした。なぜなら、スタイリストという職業柄、「さぞかし、素敵なもてなしを受けるのだろう」と期待されるのが嫌でしたし、自分の日常は、ごくごく地味なものでしたから。それを取り繕って、素敵に振る舞うことは、まるで仕事をこなすようで、お客様をお招きするような心持ちではなくなってしまうのが嫌だったのです。

ですが、そのような〝思い込み〟を覆すような経験を、私は、ベルギーですることになりました。スタイリストとして独立し、仕事を始めて四年ほど経った頃、雑誌の仕事の合間に、ときどきやっていたケータリングの仕事では、お客様が、出された料理に歓喜し、頬を赤らめて、召し上がる様子や、お料理片手に楽しそうに語らう様子。料理を取り囲むものや人が醸し出す、目には見えない高揚感がたまらなく好きで、そういう雰囲気作りをどこかで学ぶことはできないものか、とぼんやり考えていたときに、たまたま訪れたベルギーの、とあるレストランにすっかり惚れ込んでしまったのです。

ほぼ押しかけ女房並みの図々しさで、一年後には、そのレストランのホールに立っていました。飲食業の経験もない、言葉もままならない、東洋人の〝娘〟というほど若くもない女性をよく受け入れてくれたものだ、と、ベルギーのレストランオーナーご夫妻の器の広さに、今でも感謝しています。そこにいた一年ちょっとの間、日々繰り広げられる、ビジネスの現場としての「もてなし」と、単身未開の地に飛び込んだ、変わった東洋人を哀れに思ってくださった現地の方々が、たびたび招いてくださった、プライベートな「もてなし」。私は、そのどちらの「もてなし」にも、多くの発見と、大きな衝撃と喜びを得ることができました。

日本に帰ってきた当初、その経験は、ただ事実の蓄積として、整理整頓の付かぬまま、私の中にぐしゃぐしゃに存在していて、消化不良のような状態でした。なぜなら、そこに、何か法則を見つけて、それに落とし込んでいかないといけない、と考えていたからかもしれません。ですが、私がいただいた「もてなし」は、十人十色で、皆、それぞれいいのです。そこに、法則を見つけることのほうが野暮で、一つ一つの「もてなし」をそれぞれ、小さな記憶の引き出しに、大切に閉まっておくほうがいいと思いました。

そう考えて自分の記憶を辿《たど》ってみると、幼少期からのなにげない思い出の中にも、たくさんのささやかな「もてなされ」経験があることに気が付きました。そうして、しかるべきときにその引き出しを開けて、そのときに自分が感じた高揚感に浸ることができたら、そこから「素敵なもてなし」のヒントを見つけ出すことができると思うのです。

重い腰を上げて、まずは、気の置けない身近な人からお招きして、もてなしてみると、「美味しかった!」「楽しかった!」「満たされた!」という言葉に、だんだんと勇気づけられていきました。今は、誰かをもてなすことが、苦痛ではなく、楽しみになりました。

そして今回、このような形で、自分に貯まった引き出しをいくつか開けて、整理整頓する機会をくださった編集担当の角田さん、一つ一つの物語がビジュアル化されていく過程を美しい写真で追って下さったカメラマンの青砥さん、また、この本の行く末を一緒に見守っていてくださった、デザイン担当のなかよし図工室さんには、心よりお礼申し上げます。

あなたのした「もてなし」が、
だれかの、素敵な「もてなされ」経験になって、
その方の記憶の引き出しに入ったなら、
それはまた、あなたの知らないだれかの「もてなされ」経験になって……
そうやって広がっていったら、
それは、本当に「素敵なもてなし」です。

二〇一五年二月　城 素穂

城 素穂（じょう・もとほ）

フードスタイリスト。1978年生まれ。幼少期をドイツで過ごす。大学卒業後、デザイン事務所、スタイリストのアシスタントを経てフリーに。フード、インテリアのスタイリストとして、雑誌、ケータリング事業などで活動していく中で、食を提供する〝場〟作りの大切さに気が付き、2008年よりベルギーのアントワープのレストランで食ともてなしを学ぶ。帰国後、再びスタイリストとして活動。約2年間続けた『FRaU』での連載「およばれてみやげ」のほか、10年近く続く東急電鉄発行のフリーペーパー「SALUS」の表紙スタイリングなど、雑誌、書籍と活動の場は幅広い。

アートディレクション　成澤 豪（なかよし図工室）
デザイン　成澤宏美（なかよし図工室）
撮影　青柢茂樹（本社写真部）
本文スナップ写真　城 素穂

とっておきの時間《じかん》　素敵《すてき》な食卓《しょくたく》
大人《おとな》のもてなし

2015年2月19日　第1刷発行

著者　城《じょう》 素穂《もとほ》

発行者　鈴木 哲
発行所　株式会社 講談社
〒112-8001　東京都文京区音羽2-12-21
編集部　03-5395-3527
販売部　03-5395-3625
業務部　03-5395-3615

印刷所　凸版印刷株式会社
製本所　株式会社国宝社

ISBN978-4-06-219373-3